U1069097

33IQ在线思维训练平台 编

挑战福尔摩斯

Sherlock Holmes

Proficient in detective reasoning games

玩转侦探推理游戏

中国法制出版社
CHINA LEGAL PUBLISHING HOUSE

序言

我们必须知道，我们必将知道

当我听李仕龙先生说《挑战福尔摩斯》丛书即将再版时，我的内心是激动和开心的。《挑战福尔摩斯》是一套汇集了33IQ平台各类经典问题的青少年智力训练题集。

整套书共分为三本，第一本以逻辑思维为主，通过常见的逻辑题和解题方法培养读者严密的逻辑推导能力；第二本以发散思维为主，通过空间联想、词汇联想和趣味开放性问题重点培养读者的创新发散思维；第三本以侦探推理为主，结合各类有趣的破案故事培养读者的观察分析和逻辑推理能力。

作为一名高中数学竞赛教练，我已经在33IQ平台完成了近10000道智力题，其中有锻炼计算能力的数学题，有培养创造力的趣味益智题，有提高想象力的脑筋急转弯，有改善思维力的逻辑推理题，还有形成观察力的图形视觉题。33IQ作为拥有海量智力题库的在线思维训练平台，正默默地为不同年龄的用户提供着个性化的思维训练。我经常将33IQ平台推荐给天一少年部的孩子们以及身边的朋友，孩子们会经常因为在平台上发现了一些有趣的问题或解法而兴奋不已。

毫无疑问，《挑战福尔摩斯》正因其有趣的逻辑问题和智力游戏受到越来越多的青少年欢迎。33IQ 平台也已不仅仅是智力题库，它还在引导当代青少年关注自己的大脑，培养青少年的批判精神和发现谬论的能力。

实际上，在如今全球疫情的影响下，我们获取的很多信息都来自于媒体甚至是自媒体。但在这个信息泛滥且信息来源多样化的时代，很多人失去了发现谬论的能力。正如周国平在其《人生哲思录》中所言，每个人都睁着眼睛，但不等于每个人都在看世界，许多人几乎不用自己的眼睛看，他们只听别人说，他们看到的世界永远是别人说的样子。疫情期间，我除了看到人类为战胜病毒体现出的人性美好的一面，还看到了漫天飞舞的谣言。古人常说谣言止于智者，那么什么样的人才能称得上新时代的智者呢？

我们生活在一个被信息淹没的环境中，我们居住的世界看起来很符合逻辑。我们所说的，我们的行为方式，我们必须作出的复杂选择，哪条是回家最便捷的路？我能非常信任你们吗？你们都来自哪里？这种对上述事实产生判断的过程也就是区分真话和假话的过程。为了辨别信息的真假，人类早已创造出最简单但很有力的工具——逻辑。

逻辑是哲学、科学、数学、语言的引擎。逻辑本身不是知识也不产生知识，它所做的是为我们提供一套严谨的规则，用来组织和运用我们所学的知识。即使如此，我们通过逻辑获得的结论质量通常取决于我们投入的思想的质量。

关于逻辑有两个非常经典的小故事：

一个是三个逻辑学家的故事：三个逻辑学家走进酒吧，招待员说："绅士们，你们三位都需要啤酒吗？"第一个逻辑学家说："我不知道。"第二个逻辑学家说："我不知道。"然后第三个逻辑学家说："嗯，我们都要啤酒！"

另一个是中国古代的寓言故事：楚人有鬻盾与矛者，誉之曰："吾盾之坚，物莫能陷也。"又誉其矛曰："吾矛之利，于物无不陷也。"或曰："以子之矛，陷子之盾，何如？"其人弗能应也。夫不可陷之盾与无不陷之矛，不可同世而立。

这两个有趣的小故事向我们展示了逻辑的力量，同时也告诉我们如何发现谬论。在两千多年前亚里士多德就意识到年轻人需要一个工具，去发现他们在书中杂志中遇到的谬论。他希望年轻人能够拥有发现谬论的能力。于是，伟大的先哲亚里士多德创造了著名的三段论。三段论能够支配好的推理、清晰的思维以及可靠的争论。

我常常思考一个问题：在这样的时代里，我们如何才能洞察时代的真相？曾经在知乎网上看到一个词："后真相时代"，意思是如今我们所处的时代是一个对事实和数据的解读越来越不一致的时代；是一个事实与观点之间的界限变得越来越模糊的时代；是一个被自媒体传播的个人经验和看法包围的时代；是一个人们越来越不信任以往受人尊重的事实性信息来源机构的时代。其实虚假信息本身从来不是最麻烦的事情，无法辨别真假才是。在所谓的"后真相时代"，如何重新找回辨识真假信息的能力，恐怕是这个时代人们无法回避的话题。

罗素有句名言：这个世界最大的问题在于聪明的人总是充满困惑，愚蠢的人则总是坚信不疑。有人曾问爱因斯坦："你获得了如此巨大的成功，我们很想知道你的头脑里经常记些什么？"爱因斯坦回答道："问题。"现代科学认为问题是思维的起点，问题是创新的前提。教育的目的也是让人们不断提出问题，思考问题，培养问题意识。数学界的无冕之王希尔伯特曾于 1900 年 8 月 8 日在巴黎第二届国际数学家大会上提出了新世纪数学家应当努力解决的 23 个数学问题，被认为是 20 世纪数学的制高点，对这些问题的研究有力地推动了 20 世纪数学的发展，在世界上产生了深远的影响。对于这些问题，希尔伯特本人也满怀信心地宣称："我们必须知道，我们必将知道。"

《挑战福尔摩斯》作为一套智力题集，汇集了 33IQ 平台上古今中外的各类经典问题，这些问题都非常的迷人，这将吸引一批批青少年来认真思考它们。人类的智慧起源于问题，人类的文明起源于智慧，正如 33IQ 平台首页写的一样：人在思考时，大脑释放的能量可以点燃一盏灯，也恰恰是这些能量点亮了人类文明的灯塔。

全国高中数学联赛优秀教练员

中国数学奥林匹克一级教练员

江苏省天一中学　李伟

2020 年 10 月 21 日

目录

Part 1 侦探常识

惊魂捉迷藏 …… 003
旅行纪念照 …… 003
有什么好看的 …… 004
你又玩电脑了 …… 005
谁碰了牛排 …… 005
同伙是个非洲人 …… 006
缺水的丛林探险者 …… 007
前男友之死 …… 008
职业拳击手 …… 009
汉朝白瓷 …… 010
电线杆旁的摩托车 …… 011
屋里的兰花 …… 012
目击者　造谣者 …… 012
沙漠中的金矿 …… 013
山顶的啤酒饮 …… 013
雪山上的登山者 …… 014
乐队的职务 …… 015
最先发觉开枪的人 …… 015
水和烟 …… 016
真假妻子 …… 016
看风景的人 …… 017
没有漏洞 …… 018
不同的手枪 …… 018
惯偷的手法 …… 019
刀在哪只手 …… 020
血型疑团 …… 020
蓝色粉末 …… 021
酒不能乱喝 …… 022
机毁人亡的原因 …… 022
追逐的快艇 …… 023

豪华客轮上的凶案 ………… 024
那三个男人 ………………… 025
夏天的风 …………………… 026
美丽的梅花鹿 ……………… 027

Part 2 谁在说谎

令人心悸的枪声 …………… 031
来不及的阻止 ……………… 032
黄金烟斗 …………………… 032
全城追击 …………………… 033
不平静的夜晚 ……………… 034
对面楼的线索 ……………… 035
他的习惯 …………………… 036
骗钱的水管工 ……………… 037
热闹的退休生活 …………… 038
糟心的生日宴会 …………… 039
伪装的间谍 ………………… 040
感恩节前的商场 …………… 041
谁是真的动物爱好者 ……… 042
夜市上的扒窃案 …………… 043
自杀的儿子 ………………… 044
董事长之死 ………………… 045
偷牛的人 …………………… 046
刺进后脑勺 ………………… 047
送水的阿姨 ………………… 047
彩虹之下 …………………… 048
直升机上的遗书 …………… 049
地上的戒指 ………………… 050
当值的锅炉工 ……………… 051
9 点 30 分 ………………… 051
三个小时 …………………… 052
富商之死 …………………… 053
董事长千金的生日 ………… 054
甲板上看海景 ……………… 055
没有玻璃打碎声 …………… 055
突击审问 …………………… 056
停电的老式楼房 …………… 057
球迷间的较量 ……………… 057
S 先生 ……………………… 058
临时停下的列车 …………… 059
大提琴手之死 ……………… 059
寒夜里的珠宝店 …………… 060
爱吃巧克力的小偷 ………… 061
医生的病人 ………………… 062

Part 3 失窃宝物

打翻的红茶 ………………… 067
又见手帕 …………………… 068

窄口瓶里的钻石 …………… 069
珠宝店里的暴发户 ………… 069
谁的玉镯 …………………… 070
明光寺之宝 ………………… 071
价值连城的鸟巢 …………… 072
加拿大北部的失窃案 ……… 073
精致的古钱币 ……………… 074
匿名的消息 ………………… 075
桌上的青铜杯 ……………… 076
夜明珠上的淀粉 …………… 077
电焊保险箱 ………………… 078
防盗玻璃柜里的钻石 ……… 079
溶液里的钻石 ……………… 079
价值连城的邮票 …………… 080
三颗钻石 …………………… 080
浴室里的老板 ……………… 082
冰块里的钻石 ……………… 083
画家的遗产 ………………… 084
白衣男子 …………………… 085

Part 4 最后线索

“5 4 4” …………………… 089
“Z” ……………………… 089
“TD” ……………………… 091
他的“岁寒三友” ………… 091
一根弹簧 …………………… 092
“32” ……………………… 093
“1+5=” …………………… 093
“黄头发” ………………… 094
4 点整 ……………………… 095
音乐家的神秘留言 ………… 096
冥王星 ……………………… 097
“Rs” ……………………… 098
“50” ……………………… 099
“wow” …………………… 099
33IQ 杀人事件 …………… 100
“XH”“EOL” …………… 101
大学老师的地图册 ………… 102
“kuma” …………………… 103
“u，a，p” ……………… 104
“210183654” …………… 105
“68L9S” ………………… 105
严谨的语文老师 …………… 106
元素表中的“Sb” ………… 107
丹田穴 ……………………… 108
“Karter” ………………… 109
茶叶、墨水、地图 ………… 110
未完成的字 ………………… 111
“今天” …………………… 112

面点师的擀面杖 …………… 113
麻将桌上的命案 …………… 113
“111000”………………… 114
“土拨鼠杀死了凤凰” ……… 115
“7、8、9、10、11”……… 116
“大号手电筒” …………… 117
“121964”………………… 117
“O H C” ………………… 118
“pw” …………………… 119
神秘的信函 ……………… 119
“p ! e w” ……………… 121

Part 5 密文破解

有故事的墙角 …………… 125
“N2X3G4D5” …………… 126
最后一节语文课 ………… 126
失忆男孩的记忆线索……… 127
隐藏的通关密码 ………… 128
“9.24.14.1.1.9.26” ……… 128
小时候的谜题 …………… 129
地球怎么自转 …………… 130
“出租车 × 帆船 = ？” …… 131
“qsvbyrmtvxivhlriiixwvsiw” 132
老地方等你 ……………… 133
法老王的陵墓 …………… 134
手表和密码 ……………… 134
墙上的字母 ……………… 135
四扇门 …………………… 136
十二个箱子 ……………… 136
“%) %” ………………… 137
心形小盒子 ……………… 138
集合地点 ………………… 138
“51+55=97” …………… 139
“IQDAX YODHP” ……… 140
遗书里的线索 …………… 140
字母和箭头 ……………… 141
一封匿名信 ……………… 142
保险柜上的奇怪符号 ……… 142
锁屏以后 ………………… 143
三组数字 ………………… 144
“RHB=” ………………… 145
“你就是个 2” ………… 145
Y 月 Z 日星期 X………… 146
密室探险 ………………… 147
卧底的能力 ……………… 148
“XI-” …………………… 149
格格不入的国家 ………… 149

Part 6 蛛丝马迹

你来比划我来猜 …………… 153
谁最“不正常”……………… 153
期末考前夜 ………………… 154
化学实验室里的“意外” … 155
不同的预知梦 ……………… 156
倒霉的抢劫犯 ……………… 157
“861MH”………………… 158
炒股失败以后 ……………… 159
工地上的命案 ……………… 160
陌生城市的公交 …………… 161
闺密的“男友”…………… 162
伪装的护士 ………………… 164
窗边的线索 ………………… 165
画油画的人 ………………… 166
三个“科学家”…………… 167
跛脚的凶手 ………………… 169
地下室里的机密 …………… 170
两个窗口 …………………… 171
真假炸弹 …………………… 172
录音电话 …………………… 173
跳伞杀人事件 ……………… 173
双胞胎被绑案① …………… 174
失约的商人 ………………… 175
梳妆台上的妻子 …………… 176
离家的女子 ………………… 177
墙边的绿茶 ………………… 177
失而复得的打火机 ………… 178
嗜酒如命的人 ……………… 179
山地车手 …………………… 180
半瓶海洛因 ………………… 180
爱鸟的人 …………………… 181
双胞胎被绑案② …………… 182
冬天的夜晚 ………………… 182
边境走私 …………………… 183
粉丝的来电 ………………… 184
门口的香烟 ………………… 185
关键的指纹 ………………… 185
沙滩上的鞋印 ……………… 186
蜜蜂 毒品 ………………… 187
红色的紫罗兰 ……………… 188

Part 1
侦探常识

侦探是一种职业，更是正义的化身。随着日本动漫《名侦探柯南》等一系列侦探片和《福尔摩斯探案集》等经典作品的普及，越来越多的人对侦探知识产生了浓厚的兴趣。侦探知识包罗万象，作为一个业余爱好者，要想系统地对侦探知识做一个初步的学习也不是一件易事。让我们先从一些最简单的问题开始，了解一些最基本的侦探常识。

惊魂捉迷藏

终于放假了！大牛老早就风尘仆仆地从城市回到了自己乡村的老家。老家房子隔壁是个熊孩子，每次一回家他都吵着要和大牛玩，大牛都被他吵烦了。就这样想着，大牛到了家。

“大牛哥！”熊孩子一见到大牛便叫了起来，“这次陪我玩捉迷藏吧！”

“好吧……”大牛向家里的粮仓跑去，“哎呀！”大牛不知道被什么东西绊了一下，摔了一跤，把面粉撒了一屋子。

“咳！早知道不答应跟这个熊孩子玩了，还害得我摔了一跤。这屋子本来就这么小，还满是面粉，是要呛死我啊！”说着，大牛点燃了从口袋里拿出的烟。

请问接下来会发生什么？

A. 大牛出事了

B. 熊孩子出事了

C. 烟里有毒

D. 安然无恙

答案与解析

答案：A

解析：因为屋里满是面粉，大牛又点燃了烟，于是发生了粉尘爆炸。粉尘爆炸，指可燃粉尘在受限空间内与空气混合形成的粉尘云，在点火源作用下，形成的粉尘空气混合物快速燃烧，并引起温度压力急骤升高的化学反应。

旅行纪念照

丽丽说她夏天去了日本旅游，并且拿出了一张照片。照片是在一辆轿车里拍摄的。丽丽说："这是日本当地的一辆出租车，当时我和妈妈刚从机场坐车出来。"

照片上，司机正在一边驾车，一边给驾驶座右边的副驾驶员递了根烟，而拍摄者右边的一个女孩正向前探着头。

"这是我表妹。"丽丽看着大家对那个女孩的怀疑态度，连忙解释说。

露西笑了笑，淡淡地对丽丽说："撒谎不是好孩子哦！"

请问，这张照片真的是在日本拍的吗？

A. 是

B. 不是

C. 无法判断

答案与解析

答案：B

解析：其实这个题目考察的是大家对驾驶座位置的认识。在日本，汽车的驾驶座都在右边，而通过题目描述，我们了解到照片里的驾驶座是在左边，所以很明显，这张照片不是在日本拍的。

有什么好看的

清晨，我和妹妹去公园晨练。六点半，我和妹妹来到公园，这里好像出事了。

一个男子仰卧在公园的台阶处，已经死了。尸体的头部伸出台阶悬空着，样子很是恐怖。尸体胸口插着一把水果刀。我把妹妹拉走并且说："走啦，死人有什么好看的。而且尸体不对劲，报警让警察处理吧。"

请问，这里是第一案发现场吗？

A. 是

B. 不是

答案与解析

答案：B

解析：这里不是第一案发现场。人死后，身体各部分肌肉先松弛下来，半个小时到一个小时后才开始形成尸僵。尸体头部悬空在台阶上方，说明死者是死后一个小时才被人移动到这里的。

你又玩电脑了

盛夏的一天正午，小明的妈妈从外面逛街回来，炽热的阳光洒在桌上，而她摸了摸放在桌子上的黑色笔记本电脑，十分冰冷，于是她大喊："小明，你又玩电脑了啊！看我不收拾你！"

请问妈妈说的对吗？如果对，她是怎么知道的？

A. 对，从温度知道的

B. 不对

C. 对，小明这种人，不用摸都知道

D. 对，从其他痕迹

答案与解析

答案：A

解析：盛夏正午，阳光必然炙热，桌上被阳光照射的黑色物体居然会冰凉，证明有人做过处理，如果不是玩了电脑，为什么要做处理？

谁碰了牛排

一位高级厨师正在为知识城某知名总裁做饭。这是一场很重要的饭局，而这位总裁的脾气听说似乎不太好，餐厅工作人员战战兢兢地招待着。

席间，正当宾客聊得正欢时，总裁低头一看，突然在牛排中发现了一根完整的头发。

“厨师！”总裁怒吼着，“厨师呢？怎么做的饭，牛排里怎么有头发！做饭不注意么！给我叫过来！”

厨师走上前去看了看，说：“您或许需要调查一下谁在烹饪结束后接触过这份牛排，这头发是在之后混上去的，不是在我烹饪时掉进去的。”

请问厨师是从什么地方得出的结论？

A. 叉子

B. 头发

C. 碟子

答案与解析

答案：B

解析：牛排是在高温下煎出来的，而头发在高温下会萎缩消失，因此如果是做饭时混进去的，头发不可能在出餐后依旧是完整的。

同伙是个非洲人

某跨国犯罪集团的成员白狼被捕后向警方交待，他有个同伙是非洲某国人，右手无名指戴着一枚血红色的钻石戒指，每天早上八点半都会准时在美味酒楼一楼角落靠窗的座位喝早茶，从不间断。

某一天的早上八点半，警察果然看到有个黑人坐在美味酒楼一楼角落靠窗的座位，正跟人喝茶聊天。但是，这人是个残疾人，根本就没有右手！再看看周围，整间酒楼的一楼就只有他一个黑人！

但是，帕萨贝尔探长并没有责怪白狼撒谎骗人，为什么呢？

答案与解析

答案：非洲人不全是黑人，非洲北部的埃及、利比亚、突尼斯、阿尔及利亚、摩洛哥等国都是人口以白种人为主的国家。

白狼的同伙不是那个独臂黑人，而是和独臂黑人一起喝茶聊天的一个北非白种人。

缺水的丛林探险者

在一次野外生存活动中，斯隆正独自一人在丛林之中步行。

他身上所带的水已经饮用完，因为已步行太远，直接原路返回并不现实。为了预防脱水，给自己补充一些水分，斯隆面前有四个选择。

请问，斯隆应该选哪个呢？

A. 充满了咸水的池塘

B. 平静的湖

C. 多汁的仙人掌

D. 流动的小溪

答案与解析

答案：D

解析：多汁的仙人掌可能会让斯隆中毒，因为有些品种的仙人掌是有毒的；而池塘里的咸水会让斯隆更快脱水；平静的湖水中，可能聚集了各种细菌，它们也可能会伤害到斯隆；因此，斯隆最为正确的选择应当是流动的小溪。

小溪是流动的，即使里面有细菌，也会很快被带走，而且小溪中的细菌比较少，且大部分对人体无害。

前男友之死

A的男友出轨了她的闺密B，二人关系彻底破裂，只不过斯隆作为她俩共同的好友，夹在中间略显尴尬。

突然有一天斯隆先后接到A和B的电话，说那个出轨男友死了，系他杀，且她俩都被列为嫌疑人。这次两人倒是口气一致：你作为名侦探，可得帮帮我啊。于是，斯隆赶到了现场。

经过调查发现，死者死于昨晚10点左右。警方在死者的药瓶中检测到毒物残留，系剧毒，服用后几分钟即可致人死亡。这个药物是早晚各吃一遍的，应该是早上吃完没事，白天被人下毒，晚上再吃的时候中毒身亡。另外，根据死者楼道监控录像显示，当天白天有四个女孩拜访过死者，嫌疑重大，都与死者有特殊关系。以下是四人口供：

前女友A：我是他前女友，我来不过是取回之前放在他家的东西而已。我是恨他，但早已断了杀他的念头。

现女友B：我是他女友，来他家不很正常吗，他有病了我带了鲜花来看望他，因为还有事我坐会儿就走了。

暧昧对象C：得知他病了，我亲自炖了鸡汤给他送来，鸡汤最滋补身体了，看他很疲惫想睡觉我就走了。

暧昧对象D：他生病了不爱吃饭，我去市场看到秋刀鱼活蹦乱跳的很新鲜，想起他爱吃烤秋刀鱼，就买了给他送来，坐会儿就走了。

斯隆听完后第一反应就是有人明显在撒谎，请问这个人是谁？

A. 前女友A

B. 现女友B

C. 暧昧对象C

D. 暧昧对象D

答案与解析

答案：D

解析：首先说经警方调查发现：毒物被下在药瓶中，且是几分钟就能致死的剧毒，还是早晚各一遍的药物，所以白天拜访的女孩虽然都有嫌疑，但因为不是白天毒发身亡，所以几个女孩的来访先后顺序对追查凶手并不重要。

虽然不能明确D一定是凶手，但是她明显在撒谎，因为根据生活常识可知：市场上卖的秋刀鱼都是死的，不存在活蹦乱跳的鲜活秋刀鱼。所以暧昧对象D说“去市场看到秋刀鱼活蹦乱跳的很新鲜”，明显在撒谎。

而其他选项：A分手后去前男友家取自己的东西没毛病，在不知道死者具体什么病的情况下，看望死者带去鲜花和鸡汤也看不出来明显问题。所以只有D明显在撒谎。

职业拳击手

小明和哥哥父母早亡，两人相依为命。哥哥是个职业拳击手，今年20岁，从13岁开始跟随英国某职业拳击教练练拳。这一天，小明接到了警察打来的电话，他的哥哥在非法比赛的场地里，因为意外火灾而死亡。小明悲伤地赶到停尸房，警察告诉小明停尸房中的尸体都面目全非，只有几个拳击手的手脚因为带着护具勉强可以辨认。

第一具尸体：手腕有明显皱纹，骨节粗大，皮肤粗糙，拳峰处肉眼可见老茧。

第二具尸体：手腕略粗，骨节正常，皮肤光滑，小臂骨头略粗于常人，拳峰处只有少量死皮。

第三具尸体：手掌明显大于常人，五指粗短，骨节有多处细微损伤，小臂骨也有多处裂纹。

第四具尸体：手臂明显粗于常人，拳峰完全平滑，几乎不见掌骨，皮肤很光滑，没有一丝体毛，俩肘骨节粗大。

已知这场非法比赛的参赛选手有各个流派的武术家，混混以及退役军人，请问谁最有可能是小明的哥哥？

A. 第一具尸体　　B. 第二具尸体

C. 第三具尸体　　D. 第四具尸体

答案与解析

答案：B

解析：现代职业拳击手，不像人们所想象的那样，会拥有死皮遍布的拳头，或者平滑变形的拳峰。经过职业训练的拳击手通过各种训练器材以及专业的护具，让自己的双手如普通人一样，只手骨略微粗壮于普通人。

小明的哥哥一直接受专业训练，所以不会出现第一具尸体（业余拳击手）那样位于拳峰处的老茧。

不会出现第三具尸体（铁砂掌，空手道一类武术家）的骨节与小臂骨的细微损伤。

不会出现第四具尸体（职业泰拳手）的平滑掌骨拳峰。职业泰拳手大多需要从小进行专业的击打训练，将手掌的掌骨磨平，肘部的关节也会经过特殊的训练方法将其改变为粗大圆滑的形状。而且他们的训练经常需要浑身涂满药酒与药油，所以体毛会被完全剔除。

汉朝白瓷

约翰教练是一个狂热的业余古玩爱好者，并且有一群志同道合的朋友。有一天约翰花高价买到了一件汉朝白瓷，回家后爱不释手，迫不及待地叫来了他的那些朋友们想向他们炫耀。朋友们一到，还未来得及坐下，约翰便忍不住开始吹嘘起来："这可是正宗的汉朝白瓷，看！底下还有款识呢！"朋友们拿起瓷器观赏，只见瓷器底部刻着"西汉孝景御制"，他们惊叹不已，都羡慕约翰能够买到这样一件宝贝。儿子小约翰当时正好在场，出于对古玩的好奇，他也拿起瓷器观赏起来，突然小约翰大声地说："爸，这件瓷器是假的！"朋友们大惊，纷纷看向约翰，约翰感觉丢了面子，立马呵斥："小孩子懂什么！一边儿玩去。"

请问，这件瓷器到底是真是假？

A. 真的　　　　B. 假的

答案与解析

答案：B

解析：西汉与东汉合称汉朝，西汉在前，东汉在后，孝景皇帝也的确是西汉的皇帝，但是东汉、西汉都是后人的史称，如果这件瓷器真的是西汉瓷器，上面是不可能有"西汉"一词的。

电线杆旁的摩托车

智慧镇发生了一起交通事故，帕萨贝尔探长来到现场，看到一名男子已倒地昏迷。前方 4 米处的电线杆被摩托车撞出了一个坑，摩托车在电线杆旁倾斜倒地，后轮还在转动。

请问这是一场普通的交通事故吗？为什么？

A. 是　　　　B. 不是

答案与解析

答案：B

解析：如果是男子撞上了电线杆，由于冲力，男子应该倒在摩托车前。可是现场的摩托车却在男子前方，所以这不是一起普通的交通事故。

屋里的兰花

丹尼尔的表叔是一个富翁，妻子早亡，只留下一个女儿和一个过继的养子。养子性格有点儿古怪，老喜欢胡思乱想，还专门爱看些奇奇怪怪的书；女儿则刚好相反，是个活泼又美丽的少女，她很喜欢兰花，因此在家中种了许多盆兰花。

富翁对女儿的偏心，使得养子十分嫉妒。有一天，养子在书上看到植物在夜间会释放二氧化碳。于是，他想出一条毒计，企图谋杀富翁女儿。趁着富翁不回家吃晚饭的时机，养子偷偷在富翁女儿的饮料里放了安眠药，饭后不久，富翁女儿觉得困了就回卧室睡觉。养子又偷偷把几十盆兰花搬进富翁女儿的卧室，还把门窗关上了。请问，富翁的女儿有没有因此被杀？

A. 有　　　　B. 没有

答案与解析

答案：B

解析：在普通的房间里，植物释放出的二氧化碳当然可以杀死人，但至少需要6000至1万棵。

目击者　造谣者

一天，帕萨贝尔探长接到报案，称某小区发生了抢劫案。探长来到现场后，一个人说他看到了嫌疑人的长相，他描述道：“那人戴墨镜，金发，绿衬衫，蓝裤子，蓝眼睛，个头1.8米左右。”

帕萨贝尔探长听了以后就皱起了眉头说：“你为什么撒谎？”

请问此人真的在撒谎吗？

A. 是在撒谎　　　　B. 没有撒谎

答案与解析

答案：A

解析：既然戴着墨镜，是无法看见眼睛虹膜颜色的。

沙漠中的金矿

“刚从沙漠回来，突然剪去蓄了一个月的长发、胡须，还真有点不习惯呢！”灯火摇曳的酒吧里，一个古铜色皮肤的青年人正抚摸着他的古铜色下巴，兴冲冲地对丹尼尔说：“这趟沙漠之旅我发现了一座金矿，怎么样，有没有兴趣一起合作？”请问青年的话可信吗？为什么？

A. 可信　　B. 不可信

答案与解析

答案：B

解析：不可信，因为如果青年人蓄着胡须在沙漠待了一个月，剪掉胡须后下巴应显得白净些，但他的下巴却是古铜色的。

山顶的啤酒饮

“上个星期六你在哪里？”帕萨贝尔探长询问起刚请来的犯罪嫌疑人。

“我在登山。登上山顶后，我喝了一罐啤酒，你看，这是我喝酒时的自拍。”

帕萨贝尔探长看了看照片说：“那座山一定很高吧？”

“可高啦，有3400多米呢！”嫌疑人兴致勃勃地说。

帕萨贝尔探长突然脸色一变，“你在撒谎，这张照片是假的！”

请问探长说的对吗？

A. 对　　　　　　　　　　　　　　　B. 不对

答案与解析

答案：A

解析：平时打开啤酒时，瓶内外气压差不多都是一个标准大气压，而在海拔3400多米的地方，气压远远低于标准大气压，啤酒会在开启时瞬间爆炸或喷出，犯罪嫌疑人根本不可能淡定地喝啤酒。

雪山上的登山者

斯隆周末去登山时发现已经封山了，因为就在不久前，一个女登山家被发现死在了雪山中。尸体大大的眼睛并无神采，脸上涂着防晒霜，头部有擦伤的痕迹，手戴机械表。附近散落着滑雪用具，警方在现场搜寻了许久，并未找到其他物品。请问这是他杀还是意外，还是自杀？

A. 他杀

B. 意外

C. 自杀

答案与解析

答案：A

解析：首先排除自杀，自杀的人是不会做那么多准备的。如果是意外，那她可能是滑雪时撞到某物而死亡。已知雪山对太阳的反射率高，所以必备护目镜，这点她不会不知道，但是附近没有护目镜。答案就只能是他杀，死者只是被凶手布置成自杀的样子。

乐队的职务

托马斯松参加校庆时认识了乐队里的小明。小明除了左手大拇指和右手小拇指上没有老茧外，其他的手指都有老茧。请问他在乐队里担任什么位置？

A. 键盘手　　B. 鼓手

C. 主唱　　D. 吉他手

答案与解析

答案：D

解析：因为弹吉他的人左手除大拇指以外的其他手指都需要按品位，自然会有老茧，右手就更不用说了，大拇指需要控制 4、5、6 弦，剩下的手指（除小指外）分别控制 1、2、3 弦，老茧同样会很重。

最先发觉开枪的人

一天，卡特和罗伊趁着午休在休息室喝茶。卡特便给罗伊出了道难题——

有两座中间相隔了大约 500 米的高山，其中一座山的山顶上有三个人面向对面的山峰休息，其中一个是正常人，坐着睡着了；另外两个分别是聋子和瞎子，也坐着，但都精神挺好的样子。

夜已经很静了，突然对面山上有人向这边放了一枪，瞎子马上听见了“砰”的一声枪响；聋子立刻就看到了枪口上的火光；睡着的人也在当时就发觉有人开枪，因为子弹刚好擦着他的耳根飞过……

请问他们三人之中究竟谁才是最先发觉有人开枪的人？

A. 正常人　　B. 瞎子　　C. 聋子

答案与解析

答案：C

解析：发觉有人开枪，最早的是聋子。因为光的传播速度是每秒30万千米，比空气中声音的传播速度和子弹的飞行速度都要快得多。

水和烟

罗伊不甘示弱也给卡特出了道题，只要卡特能推理出罗伊是不是左撇子就算卡特赢。卡特倒了杯温水给罗伊，又递了一支烟。然后卡特发现，罗伊是用左手接的水，再用右手拿烟左手来点。请问罗伊是左撇子还是右撇子？

A. 左撇子　　B. 右撇子

答案与解析

答案：A

解析：点烟的手通常是惯用的手。

真假妻子

一位德国商人在智慧镇出车祸死亡。

帕萨贝尔探长按例发电报通知其家属来料理后事、办理赔偿。但是却有两位新娘来到智慧镇，且都声称自己是真正的妻子。

帕萨贝尔探长现在只知道德国商人的妻子是个出生在德国的日本人，职业是古筝教师，于是叫两个女人都弹古筝。

第一位绿裙女子技艺高超，琴声悠扬。她左手戴着三枚宝石戒指和一枚钻石婚戒，十分华丽。

第二位白衫女子的演奏同样不俗，但衣着略显寒酸，只有右手戴有一枚戒指。

弹琴后，帕萨贝尔马上辨别出了真正的商人妻子，赶走了冒牌货。

请问谁是冒牌货？为什么？

A. 第一个　　　　　　　　　　B. 第二个

答案与解析

答案：A

解析：冒牌货是第一位绿裙女子，因为德国人都是右手戴戒指，这是文化习惯，而绿裙女子虽然戒指多，但是却戴在左手，所以是冒牌的。

看风景的人

在一辆高速行驶的列车上，一个人在他的包厢里被杀死了，嫌疑人有A和B。

A说：“当时我正在听音乐，听了一会儿便被窗外的景色吸引，便一直在看风景。”列车长看了一下，景色的确很美。

B说：“我也在看风景，只不过我开了窗，风把我的画稿吹得到处都是，害我收拾了好一阵。”列车长看了一下，画稿的确像是被风吹散的。

这时，碰巧旅行的斯隆听完列车长的叙述后，马上就知道了谁是凶手。

请问凶手是谁？

A. 嫌疑人A　　　　　　　　　　B. 嫌疑人B

答案与解析

答案：B

解析：因为外面风速大，压强小，所以在大气压的作用下，风会把纸张往外吹，纸不会留在车厢内。

没有漏洞

帕尔默是一位大富豪，居住在北京，7 月 11 日 15 时被管家发现死在家中。经过几天的调查，名侦探斯隆找到了三个嫌疑人，并分别询问当时的情况。

嫌疑人 A 说："当时我在家里，我的闺密可以作证。侦探先生，你们可一定要找到杀害我男朋友的人啊！"斯隆和 A 的闺密证实过，A 确实没有说谎。

嫌疑人 B 说："当时我和助理在旧金山的酒吧里，我还有照片呢。"说完便拿出了照片，照片上正好有个钟，上面显示的时间是 3 点整。斯隆后来也向 B 的助理证实过，B 没有说谎。

嫌疑人 C 说："我当时因为头疼在家睡觉，没有人可以证明。"但是后来斯隆向嫌疑人 C 所在小区的保安证实过，C 没有说谎。

斯隆又继续调查下去，并没有发现蛛丝马迹，但事实上斯隆忽视了一个很大的漏洞。请问，谁的嫌疑最大？

A. 嫌疑人 A　　B. 嫌疑人 B

C. 嫌疑人 C　　D. 管家

答案与解析

答案：B

解析：美国和中国有时差，美国西部和中国共相差了 15 个小时左右，而中国飞去旧金山最快只需要 11 个小时，所以嫌疑人 B 有时间在北京作完案后再飞去美国。

不同的手枪

一天深夜，帕萨贝尔探长在回家路上突然听到不远处有两声枪响，他急忙赶到案发地点，发现一名老人倒在三岔路口，腹部中了两枪，已经死亡，不远处的地上有两个空弹壳。帕萨贝尔立即对附近进行搜查，结果发现了嫌疑人A和B，他们身上都带有手枪。A的手枪是自动式手枪，B的手枪是左轮手枪。请问谁是凶手？

A. 嫌疑人A　　B. 嫌疑人B　　C. 都可能　　D. 不知道

答案与解析

答案：A

解析：因为地上有弹壳，而左轮手枪是不弹弹壳的。

惯偷的手法

名侦探斯隆刚从外地办案归来，回到家一看，自己的房间被翻得乱七八糟，显然是遭了贼。他大致整理了下物品，发现并没丢什么太值钱的东西，钱财也只丢失了小部分。但他作为侦探也不得不佩服这个小偷的熟练。因为从抽屉的打开顺序和打开程度来看，这绝对是一个惯偷。

请问，惯偷翻抽屉时一般都会按哪个顺序来打开呢？

A. 从下往上的顺序打开　　B. 从上往下的顺序打开

C. 先打开中间的抽屉　　D. 只打开奇数层抽屉

答案与解析

答案：A

解析：如果选B的话，从上往下依次打开抽屉翻时，上面的抽屉会碍事，要一一关上才行，很费时间。而从下往上翻抽屉，就没必要将下面的抽屉一一关上，常用的东西一般在上面，而不常用的一般比较贵重，会放在下面。

刀在哪只手

帕萨贝尔探长接到报案称有个抢劫犯正在镜子店里行凶。帕萨贝尔赶到现场时抢劫犯已经逃走，老板提供线索说：“我正跟店员交代事情时，猛一抬头，从左边墙上的镜子中看见那人左手持刀走来，他是个左撇子。”另一个顾客说：“根据常识，镜子里看见的字是反的，那么罪犯就不应该是左手持刀，而是右手持刀才对。”

请问罪犯究竟是左手持刀还是右手持刀？

A. 左手持刀　　　　B. 右手持刀

答案与解析

答案：A

解析：反字经过两次重映仍是反字，左手持刀，在另一面镜子里仍是左手持刀。

血型疑团

昨天晚上，富翁亨利的大儿子艾伦彻夜未归。今天清晨，艾伦的尸体在马术俱乐部的更衣室里被发现。艾伦衣服上留下的血迹中，不仅有他自己的 A 型血，还有凶手的 AB 型血。

经过法医鉴定，亨利是 O 型血，而亨利夫人是 AB 型血。

据斯隆了解，艾伦的弟弟亚当正为争夺父亲公司总裁的位置和艾伦闹得不可开交，而亚当在案发当天就神秘失踪了，他的血型无法确定。亨利太太的哥哥杰森在案发第二天也消失了，所以他的血型也无法确定下来。所有涉案人员只有这些，请问凶手是谁？

A. 亚当　　　　B. 杰森

答案与解析

答案：B

解析：亨利是O型血，而他的夫人是AB型血，这样亚当就只可能是A型或者B型血，所以他不是凶手，凶手是拥有AB型血的杰森。

蓝色粉末

一男子准备找斯隆调查些事情，刚一见面，斯隆便看见了他皮带纹理中嵌着些蓝色粉末。斯隆没多想就邀请他坐下，又发现他裤腿底部有明显的蓝色圆点。

男子说："我今天来是有事请你帮忙的，不过前提是你能推理出我刚刚干吗去了。"斯隆笑着说出了答案。

请问该男子刚刚去哪儿了？

A. 台球厅　　　B. 教室　　　C. 厨房

答案与解析

答案：A

解析：蓝色粉末可能为粉笔屑、巧粉……而蓝色圆点则几乎肯定了是巧粉。所以，男子刚刚应该是在打台球，而且很可能是个新手。

厨师有围裙或厨师服，所以皮带上面不会有蓝粉；教师不会把蓝点弄到裤腿上；打台球的时候要用到巧粉，而且不一定要穿专业的服装，粉是有可能溅到裤腿上的。

注：生活中常见的巧粉主要是绿色（干巧）或者蓝色（油巧）的。

酒不能乱喝

一天，帕萨贝尔探长应邀去一家小店饮酒。突然，在隔壁桌喝酒的一位老板开始呕吐起来，两位保镖见势马上控制住了与老板同桌的另一位商人。

帕萨贝尔探长一问才知道双方刚谈成一笔生意正喝酒庆贺，谁知道老板竟中毒了，同桌的商人也正吓得不知所措。

探长走上前摸了摸温酒的锡壶，又打开盖子，看见黄酒表面浮着一层黑膜，就说：“果然是中毒了！”

这时，中毒的老板摇晃着身子说：“探长，救救我！他身上一定带着解毒药，快搜他身！”探长不慌不忙地说：“错了，他身上没带解药！这酒可是你做东请的，他怎么有办法投毒？”大家很吃惊，难道酒里没毒吗？

请问黄酒有没有被人下毒？

A. 有　　　　B. 没有

答案与解析

答案：B

解析：毒酒是温酒温出来的。这里的锡壶大多是铅锡壶，含铅量很高。把铅锡壶直接放在炉上温酒，酒中就带上浓度很高的铅和铅盐，多饮几杯，就会急性中毒！

机毁人亡的原因

克里博士认识两个专门盗采海洋里的珊瑚礁、珍稀动物等资源的盗贼，某天却突然听到了他们的死讯。据说他们开着新买的私人飞机去到了某岛屿，穿戴好潜水装备后便潜入深海，盗挖海洋资源……挖取得手后，两人又开飞机打算返回，但结果起飞后不久便出现意外，机毁人亡。

请问他二人的死因最可能是什么？

A. 高空缺氧

B. 体温失调

C. 中毒身亡

D. 血液循环障碍

答案与解析

答案：D

解析：确切地说叫气体栓塞，它是血液栓塞的一种。因为两人潜水时使用高压空气装置，加上深水的压强也很大（每下降 10 米就几乎相当于增加一个大气压强，而珍贵的珊瑚礁则长在 100~200 米的深度），使得大量空气溶解于他们的血液之中，但此时还没有形成气泡（即气栓）；而两人出水后并没有及时调整呼吸（一般潜水后上岸的潜水员都要静息一会儿，这样肺可以将溶于血液的空气排出体外），并且直接坐上飞机，开到了气压更低的高空，于是溶于血液的空气溶出形成气栓和泡沫状血液，迅速堵塞了心脏和大血管，两人就此丧命。他们盗窃自然资源，却死于自然规律，在高空缺氧的环境中，他们“富氧”而死了。

追逐的快艇

一劫匪驾驶着快艇向海上逃窜，帕萨贝尔探长等人正加大马力进行追击。下图是在直升机上拍摄下来的探员追上劫匪快艇的情形，毫无疑问，探员的快艇比罪犯的要快些。请问哪一艘是探员的快艇？

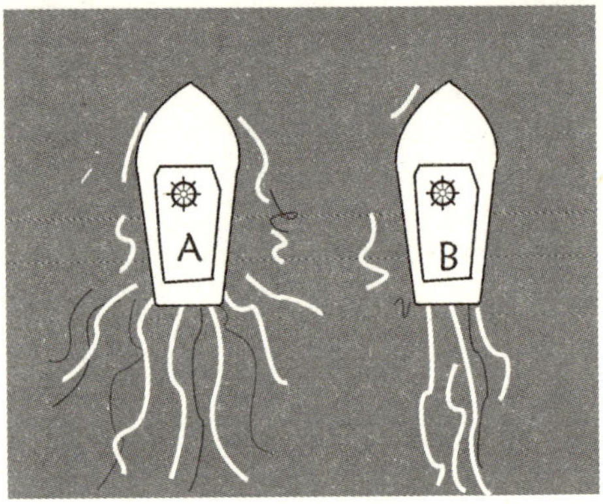

A. 快艇 A　　　　B. 快艇 B

答案与解析

答案：B

解析：因为船在航行时，船后的波浪会向左右扩大，波浪扩大的角度越小，船的速度越快。

因为船的艉浪扩大的速率是一定的，船速越快，就越能在艉浪扩大之前开出，相对船而言，就是艉浪扩大的角度越小。这个问题的本质就是船在艉浪“来不及”扩大时开走，看起来就是艉浪扩大的角度较小。

豪华客轮上的凶案

某日早晨，丹尼尔名下的豪华客轮绕地球一周行至太平洋时，在船尾甲板上发现了一具女尸。死者安娜是一个知名建筑师，被匕首刺中身亡。

因为案发于浩瀚的太平洋上，凶手即使乘救生艇逃走，生存的希望也不大，所以凶手一定还在船上。

实际上，船上有两个人有杀她的动机。

阿诺，被害人的外甥，是其财产继承人，因赌博而债台高筑，正为无法偿还发愁。

亚瑟，被害人的秘书，在航海旅行中，因贪污败露而被解雇。

斯隆受丹尼尔所托寻找凶手。请问，从杀人动机角度来判断，凶手更可能是谁？

A. 阿诺　　　　B. 亚瑟

答案与解析

答案：A

解析：凶手是被害人的外甥，动机是继承遗产。杀人后，如果尸体没有被发现则会被判为失踪，在确定死亡前家属不能马上继承遗产，而外甥急等着钱用。所以凶手把尸体放到甲板上，就能确定死亡，继承遗产。

那三个男人

智慧镇附近某村落中心的大树下有三个男人正坐在一起聊天休息，他们一个是普通农民，一个是木匠，一个是铁匠。

左边第一个身材消瘦，双臂肌肉看上去紧绷有力但上面带着一些划痕，衣服双肩上都打着宽大的补丁，左手的拇指和食指上缠着创可贴。

中间一个矮胖一些，穿着乡下很常见的粗布衣，裤脚向上挽起，露出的小腿上却看不见一根汗毛。

在最右边的一个人身材中等，浑身透着精干，身上的衣服似乎有些紧绷。他的衣服上，尤其是衣袖部分有一些小洞，像是吸烟不小心烫出来的。

请问他们各是什么职业？

A. 普通农民、木匠、铁匠　　　　B. 普通农民、铁匠、木匠

C. 木匠、铁匠、普通农民　　　　D. 铁匠、木匠、普通农民

E. 木匠、普通农民、铁匠　　　　F. 铁匠、普通农民、木匠

答案与解析

答案：E

解析：第一个是木匠，因为锯木头和钉钉子往往需要拇指和食指帮助固定工具，容易受伤，搬木头时容易对双臂造成伤害，且双臂的布料容易磨破。第二个是普通农民，因为每年插秧时，双腿在田里沾满泥巴，干了之后剥腿上的泥土很容易就把汗毛和毛根一起拔起，所以没有汗毛，另外，因为长期在田里劳作，所以裤脚是挽起的。第三个是铁匠，因为长期从事臂力劳动双臂肌肉发达，打铁时溅起的火星也会将衣服烧出一些小洞。

夏天的风

在一个炎热的夏天，一个双目失明的少女被绑架了。两天后，家人交了赎金，她也平安回到了家。

少女告诉帕萨贝尔探长，绑架她的似乎是一对年轻夫妇，她可能是被关在了海边的小屋里："在这间小屋里能听到海浪的声音，我好像被关在阁楼上。天气很闷热，不过到了夜晚会有风吹进来。"

帕萨贝尔探长带队在海边找到了两间小屋，一间朝南，一间朝北，主人都是年轻夫妇。不过这两间屋都打扫得干干净净，找不出任何痕迹。已知线索还包括：

①两间小屋结构几乎完全相同，只是阁楼的小窗一个朝北，一个朝南；

②海岸面向海的方向是南面，北面对着丘陵；

③少女被关的两天都是晴天，而且一点风也没有。

请问少女被关在了哪一间小屋里？

A. 窗户朝南的　　B. 窗户朝北的

答案与解析

答案：B

解析：

少女被关在窗户朝北的面对丘陵的那间房子里，这可以从少女的“不过到了夜晚会有风吹进来”这句话得到证实。一到夜晚，陆地上的气温要比海面低，温度容易冷却，这种凉的空气会从丘陵向海上流动，所以有阵阵清风通过朝北的小窗口吹入屋里。反之，白天由于陆地很快变热，风就改从海上吹来，而在早晚气温相同的时候，海岸上就处于无风状态了。

美丽的梅花鹿

2017 年 5 月 13 日中午，知识城某商业街发生了一起银行抢劫案。

几天后，当地警方找到了嫌疑犯。当名侦探斯隆向他要当天不在现场的证据时，他交出了一张照片，并说：“那天我在鹿岛。我去参拜了当地有名的三景之一——鹿君神社。这张照片就是那天一位路过的女学生帮忙拍的。”照片上，长着美丽的长角的梅花鹿正吸引着不少游人。

“别想用假照片骗人，这是秋天或者冬天拍的！”斯隆瞟了一眼照片干脆地说。

请问斯隆是怎样一看照片就识破了谎言的呢？

答案与解析

答案：梅花鹿只有雄性长角。鹿角春天脱落，而后又开始长出新茸。新茸包在皮里渐渐地长大，到深秋才从皮里裸露出来。若照片是 5 月 13 日拍的，不会拍到长角的梅花鹿。

Part 2

谁在说谎

当侦探面对多个嫌疑人的供词时，需要通过逻辑分析，第一时间发现供词中的漏洞，这就需要侦探拥有非常好的逻辑分析能力。学习逻辑推理知识，可以指导我们正确思考，准确、有条理地表达思想；可以帮助我们运用语言，提高听、说、读、写的能力；可以用来检查和发现逻辑错误、辨别是非。让我们一起来看看到底是谁在说谎吧！

令人心悸的枪声

在大森林的山脚下有一个小镇，小镇上有很多靠打猎为生的人。

一天，帕萨贝尔探长在巡逻时听见了一声令人心悸的枪声，于是赶紧寻找。在一个巷子里，他找到一个被抢打中头部的人，便赶紧叫手下拨打急救电话，自己则去敲附近人家的门。但是帕萨贝尔探长一连敲了五家都没人开门，因为这是个旅游区，这个时间人们都去山上做生意了。

帕萨贝尔探长不想放弃，他接着来到了甲先生家门口，他家大门没关。透过大门，可以看见甲先生在抽烟，帕萨贝尔探长问："请问你有没有听到枪声？"甲先生犹豫了一下说："没有，我刚和我的猎狗打猎归来，到家还没两分钟。"

帕萨贝尔探长环视四周看见一棵柚子树、一片花草、一只闭目养神的猎狗，说："你说谎！"帕萨贝尔探长从哪里发现甲先生说谎的？

A. 柚子树

B. 甲先生的话

C. 狗

D. 花草

答案与解析

答案：C

解析：正确选项是狗。如果按照甲先生说的刚打猎归来不到两分钟，那和他一起打猎的狗就不会闭目养神。因为狗皮毛较多，这一特性导致它们全身的汗腺很少，造就了它们特殊的散热方式，即主要通过"热喘"来散热，也就是我们常看到的狗张开嘴、吐出舌头、"呼哧呼哧"地喘气。所以甲先生说谎。其他选项花草、柚子树都是干扰选项。

来不及的阻止

一天，名侦探斯隆接到一个男人的电话："侦探，我叫甲，刚才我的好朋友乙给我打电话说他不想活了要自杀！"

"那你怎么不阻止他？"

"我没去过他家，不知道他家在哪儿啊！"

随后，斯隆找到了甲先生并查到了乙先生的家庭住址，和甲一同来到乙先生家。乙先生家的门虚掩着，斯隆推开门看见一个自缢的男人。甲先生瘫坐在地上大哭："我的好朋友啊，你为什么想不开啊！"

斯隆沉思了一会，拿出一个本子在上面写了一串数字对甲先生说："快打这个电话叫人！"

甲先生直接走上二楼，拿起座机开始打电话，这时斯隆跟了过来说："甲先生，你为什么说谎？"

到底谁在说谎？

A. 没人说谎　　B. 斯隆

C. 甲先生

答案与解析

答案：C

解析：甲先生说从来没去过乙先生家，斯隆叫他打电话时他却直接走上二楼拿起电话，明显对乙先生家很熟悉，所以甲先生在说谎。

黄金烟斗

某天，商人丹尼尔先生家的警铃响了，似乎有人闯进了他的家。帕萨贝尔探长带人赶到时，已经有两个人在现场，两个人都互相指认对方是小偷。

甲说：“我抓住了他，他刚才已经闯进去了，他想偷丹尼尔先生家里的东西。”

乙说：“他才是小偷！”

甲说：“丹尼尔先生去国外谈生意了，他把钥匙给了我让我帮他看家，今天我来开前门时看到他拿着丹尼尔先生家的黄金烟斗，于是我紧跟在后，在后院抓住了他。

乙说：“我听到有玻璃破碎的声音，于是从我家里的窗户往下看，看到这个家伙拿着黄金烟斗，他肯定用钥匙开了门，然后又将玻璃打碎，以此来制造假象。”

帕萨贝尔探长观察了一下院子，院子里仅有一串脚印，帕萨贝尔探长知道他们中有一个说谎了，那么谁是小偷呢？

A. 乙　　　　　　　　　　B. 甲

答案与解析

答案：B

解析：如果甲在院子里抓到乙，一定会有两个人的两串脚印，可是院子里仅有一串脚印，很明显甲说谎了，所以甲是小偷。

全城追击

2019 年 9 月 20 日 20 点左右，某地突然停电，其间有人试图趁乱打劫金店，但被见义勇为的群众阻止，犯罪嫌疑人在群众的追击中逃离了现场。

下列选项是其中几个追上去的目击者的证言，这里面谁的证言最可疑？

A. 我追了上去，但是他跑得很快，转过几个拐角就不见了。

B. 黑漆漆的，我不但没跟上他，还跟其他人走散了。

C. 要不是停电了，月光也不够亮，我们肯定不会跟丢他。

D. 我倒是一直撵着他跑，可惜快追上的时候不知道被什么绊了一下，让他跑了。

答案与解析

答案：C

解析：中学地理课讲到月相的时候，有讲过“上上上西西，下下下东东”，其中“下下下东东”就是指“下半月的下弦月在下半夜看得见，亮面朝东出现在东面天空”。

2019年9月20日是农历八月廿二，属于标准的农历下半月，月相是下弦月，在下半夜才会出现在东面天空。因此案发时的20点，月亮还远在地平线之下，C的证言里“月光也不够亮”是在说谎。

其他几个人证言中的“追不上”“被绊倒”在一片漆黑的情况下发生的概率并不低，至少不像C的“农历八月廿二上半夜月出”那么离谱。

不平静的夜晚

亨特在智慧镇遇袭，探长帕萨贝尔根据线索找到了三名嫌疑人：甲、乙、丙。

甲：我当晚一直在酒吧里，许多人都可以作证。

乙：我一个人待在家里，没有人可以给我证明。

丙：我在镇里的路上飙车，周围楼上的人都可以看见我车里开着灯。

请问，谁在撒谎？

A. 甲　　B. 乙　　C. 丙

答案与解析

答案：C

解析：晚上开车时不能开车内灯，否则司机的倒影将会出现在挡风玻璃上，影响行驶，而丙如果是在飙车的话，就不可能开车内灯。

对面楼的线索

一个大雪纷飞的夜晚，C 区某楼 16 层发生了杀人案。帕萨贝尔探长带着警员立马赶到。

报警的是死者的朋友，他说："今晚和她约好一起在她家吃夜宵，但我打了很多电话她都没接，不知道为什么，我就来这儿看看情况，谁知道她竟然遇害了。"

帕萨贝尔立即检查了现场，发现了一些烧毁的纸，除此之外没有任何有价值的线索。

帕萨贝尔来到窗边，窗帘并未拉起，他看到对面楼 16 层亮着灯，于是前去询问："你一直在家吗？"

对面楼 16 层住户："下班后一直在，外面太冷了，家里暖和点。"

帕萨贝尔："你有没有看到对面楼有什么异常或其他情况？"

对面楼 16 层住户："大概 9 点时，我看到那位小姐家来了个男人，身高大概 1.75 米左右，叼着烟斗，他们聊了几句就吵了起来，最后男子用刀砍了那名女子。"

请问，帕萨贝尔若要抓走一个人，先抓谁？

A. 死者的朋友

B. 对面楼 16 层住户

C. 不抓人，死者为自杀

答案与解析

答案：B

解析：文中说了窗帘未拉起，那对面楼 16 层的住户又如何能看见屋里发生的事儿呢，隔着窗帘顶多看到个人影，且那天大雪纷飞更看不清了，所以对面楼 16 层住户在撒谎，应该先抓他。

他的习惯

某位著名的聋哑人富翁死在了自己家里，死因是他杀，然而现场没有留下任何能指认出凶手的痕迹。警方通过调查，发现有五个嫌疑人可能与此案件有关，分别是富翁的妻子、管家、司机、守卫和园丁。警方通过询问，五个人的供述如下：

妻子很伤心地说："我当天晚上跟我老公闹了点情绪，然后闹脾气离家出走回我娘家了，我今天才知道这个情况，怎么会这样……"

管家："我当时不在家，老爷的留声机坏了，我去镇上一个修理铺帮老爷修留声机去了，老爷每天晚上都播放留声机。等我回家发现老爷已经死了。"

守卫说："我当时一直在大门口执勤，我也看见了夫人出门。我不知道发生了什么。"

园丁说："我没有进过房间，我一直在花园里散步，顺便检查检查那些枝叶。我不知道发生了什么。"

司机说："我当时在洗车，我洗完车要跟老爷报告，等我进门时看到老爷已经死了。"

帕萨贝尔探长听完五个人供述后，马上指认出一个人在撒谎，果然，那个人就是凶手。

请问，凶手是谁？

A. 司机　　B. 守卫

C. 管家　　D. 妻子

E. 园丁

答案与解析

答案：C

解析：管家说去修留声机了，那么问题来了，聋哑人听不到，怎么可能会用留声机？所以这就有很大疑点。

妻子的语气说明妻子对富翁的死很伤心，妻子回娘家守卫可以证明她确实出门了。守卫一直在门口执勤不知道情况，守卫的话也没有疑点。

园丁和司机的话也没有任何疑点。

骗钱的水管工

一个炎热的中午，名侦探斯隆家楼下的吵闹声令他无法午睡。

斯隆下楼查看情况，一楼的住户正在大声抱怨："你们这些没良心的，个个从楼上水管丢杂物，害我家的厕所水管堵塞！水管之前堵了两次，我都没说什么，但这次我不能忍！这次的疏通费用你们出！"

这时，一到六楼的住户都闻讯赶来（包括斯隆）。住户们为了了解疏通费用，找来帮助房东修水管的水管工，水管工回忆起他修水管的经历："我穿起靴子，捏着鼻子走进厕所，将水管里的杂物取出……就这样，我来这里连续疏通了四次管道。这次堵得最严重，实在太费力气，因此小费你们至少要给我 1000 元！"

住户们来到厕所想要一探究竟，发现厕所根本没有堵塞。随后水管工解释管道已经疏通了，整整花了他好几个小时。水管工解释完便立马开始索取费用。可 1000 元，无异于是对贫穷的住户们进行抢劫！思考片刻，斯隆揭穿了他们骗钱的谎言。

那么请问，管道究竟堵没堵？斯隆是靠什么判断他们说谎的？

A. 堵了，疏通费用

B. 没堵，疏通季节

C. 没堵，疏通次数

D. 以上答案均不对

答案与解析

答案：C

解析：细心的读者可以发现，水管工的话和一楼的住户的话互相矛盾。如果水管工说谎，那一楼的住户怎么会故意把水管堵塞三次呢；如果是一楼的住户说谎，那一楼的住户怎么可能自己将水管堵塞四次呢？所以两人都在说谎，水管根本没有堵塞，而是两人在制造一个水管堵塞的假象，目的是牟取很高的疏通费用。

热闹的退休生活

某天市内一小区发生命案，死者老黄是一位退休工人，没事在家就养养鱼和乌龟打发时间，而且养了很多年，颇有经验。

根据死者日历上的记录，案发当天有四个人拜访过老黄，但不知道时间先后顺序。警察很快找到了这四个人，他们都表示自己确实来找过老黄，但是没有杀人，走的时候老黄都还好好的。

小李：经过警方调查，他一直欠老黄钱不还。口供：我是来还老黄钱的，我来老黄家时老黄正在用网从鱼缸中捞小鱼放到另外的水缸里，老黄还说小鱼是刚出生的，不赶紧捞出来的话小鱼都被大鱼吃掉了。

老张：死者棋友，据说过得不好，总被老黄奚落。口供：我来找老黄下棋，来之前老黄还让我帮忙买个甲硝唑，我还以为他病了，原来是他家鱼得了寄生虫，要用甲硝唑。

大刘：死者邻居，两人曾因为邻里琐事吵架甚至大打出手。口供：我是来找老黄和解的，毕竟邻居低头不见抬头见的，我来时看到老黄弄了一大盆砂土，说是要埋乌龟蛋，孵化小乌龟。

死者弟弟：死者母亲最近过世，和死者在争遗产。口供：我们是亲兄弟啦，怎么会杀他，我来是和哥哥讨论下母亲安葬的问题。我来时看到哥哥在给乌龟换水呢，他还让我帮他从自来水管接水往乌龟缸里倒呢。

根据以上口供，请问哪位最可疑？

A. 小李　　B. 老张

C. 大刘　　D. 死者弟弟

答案与解析

答案：D

解析：最可疑的是死者弟弟，因为给乌龟换水不能直接用自来水管中的水，因为自来水里的漂白粉对乌龟健康有害，比如会导致乌龟患白眼病，甚至变瞎。题目中说老黄养乌龟很多年了，颇有经验，不可能连这点常识都不知道。所以死者弟弟说帮他从自来水管接水往乌龟缸里倒很可能是在撒谎，只是为了表现自己跟哥哥关系很好，不会杀人而已。

其他几个选项，根据养鱼养龟的知识来看没有什么明显破绽，没什么问题。

糟心的生日宴会

很久以前，某个国家有个漂亮的公主，有很多人来追求她，想娶她为妻。

这天是公主的 20 岁生日，有很多人来参加公主的生日宴会，当然也有各国的达官贵族。

忽然，大厅的灯熄灭了，在人群的恐慌中，公主突然大叫道：“流氓，非礼啊！”原来是有人偷亲了公主。

进过严密的筛查，嫌疑集中在了这四个人身上：

本国的一个大臣说：“国王，不是我啊！我可没有非礼公主！”

C 国的贵族说：“我可没有对公主做那种事，刚才停电的时候我一直在我妻子身旁。”

E 国的王子说：“我怎么会是那种偷亲公主的人呢。”

公主的一个男仆说："喔！陛下，我怎么可能非礼我尊敬的主人！"

公主一听，马上指出了这四个人中的一个，说道："就是他！这个大流氓！"

到底是谁说漏了嘴呢？

A. 本国的大臣

B.C 国的贵族

C.E 国的王子

D. 公主的男仆

答案与解析

答案：C

解析：注意，公主被偷亲后大喊的是"非礼啊！流氓"，而并没有说有人偷亲她。所以，根据这四个人的说法，犯人应该是 E 国的王子。

伪装的间谍

帕萨贝尔探长在工作时间抓捕了三个可疑人士，其中有一个是伪装的间谍。他们的供词如下：

身穿熏黄厨师服的人说："开什么玩笑？我怎么可能是间谍？你们快点确认，我还赶着上班去呢。"说着，挥舞了一下手腕上的表。

身穿白色羊毛衫的人说："是有什么误会吗？我可不是什么间谍，我就是个洗车工而已。"边说边摩擦着拇指上的戒指。

大学生："我，我，我真的什么都不知道。我就是在附近转转。"

请问，谁是间谍？

A. 厨师

B. 洗车工

C. 大学生

答案与解析

答案：B

解析：厨师是可以佩戴手表的，而洗车工不能在手上戴戒指，会划伤车辆。

感恩节前的商场

11 月的某一天，某商场内的厕所一片骚动。原来是保洁人员在男厕的一个门内发现一具男尸，遂报警，警察迅速赶到现场。经勘察，判定为他杀。警察调取了厕所入口处的监控录像，发现这个男子是自己走进厕所的。在他进来后和保洁人员发现尸体前，一共有四个人进出过厕所。保洁员进来时，除了死者，厕所内没有别人了。警察找到了这四个人：

商场某品牌售货员，他表示适逢感恩节促销活动，最近他们很忙，进来匆匆在外间小便完就出去了，没注意厕所门内有什么人或尸体。

孩子家长，他表示幼儿园感恩节要举行活动，老师要家长提前准备些用品，他便来商场购买。他还抱怨中国人过什么洋节，还麻烦家长。

德国人，他也表示没注意到什么异常，另外他说着急赶飞机回国过感恩节，每逢传统节日他都要和家人一起庆祝，希望调查尽快结束。

美国人，他在德国人旁边打趣道：相对于感恩节，他对之后的黑色星期五更感兴趣，他很热衷于疯狂购物。

请问以上谁最可疑？

A. 售货员

B. 孩子家长

C. 德国人

D. 美国人

答案与解析

答案：C

解析：最可疑的是德国人，因为他的口供有破绽：德国人是不过感恩节的，感恩节是美国、加拿大等地区的节日，传统英法德等欧洲国家没有，德国即使有人过也不是阖家团聚的传统节日。这个德国人过感恩节没问题，但是他说是“传统节日”就不对了！就好比中国人过圣诞节，但它绝对不是中国传统节日一样。其他人的口供没有明显破绽。

谁是真的动物爱好者

动物园附近一家店失窃，警方找到了动物园门前的人询问。因为种种迹象表明小偷刚刚离开，所以有可能和他的同伙一起混在人群里。经观察，警察发现有三个人看上去很可疑。已知三个人中只有一个是真正的动物爱好者，其余两人为小偷和他的同伙。

A：我刚从动物园出来。我一直在看蟒蛇。知道吗？蟒蛇遇到危险时会喷射毒液，它们可以把猎物直接咬死。

B：我刚刚在看大象。据我所知，亚洲象体型比非洲象小，它们温顺而且聪明，很早就被作为家畜饲养。

C：当我在园内看长颈鹿时，它还朝天嘶鸣了一声，看来它很喜欢我呢。我也刚出来，还没玩够呢。

帕萨贝尔探长听了，确定只有一个人说的是真的。那么，谁是真正的动物爱好者呢？

A. 嫌疑人 A

B. 嫌疑人 B

C. 嫌疑人 C

D. 三个都不是

答案与解析

答案：B

解析：B的说法是对的。蟒蛇不会喷毒液，它会将猎物缠绕而死，并不直接咬死猎物。长颈鹿不会嘶鸣。因此A和C不是装学问就是犯罪者。

夜市上的扒窃案

2019年9月13日20:45，新疆和田的夜市上发生了一起扒窃案，小偷很快消失在人群中。警方找到了几个当时在场的人，以下是其中两人的供词：

无业青年甲：

“对，一开始是不少人追着那个小偷，不过这地方我熟，所以想抄近路过去截住他。”

“就是那个卖艺的不知道拿什么东西朝我抡了过来，我吓了一跳就停下来了，再去追的时候就晚了，眼睁睁看着他跑了，太能跑了这家伙。”

“我当时？我当时……好像光顾着追，没喊‘抓小偷’……”

“他最后向哪里逃？我记得我追的时候看到前方有月亮……应该是刚升起来的月亮，所以他应该是向东逃了。”

街头艺人乙：

“我当时正在用二胡拉《梁祝》，然后听到远远的有人在喊抓小偷，我就停下站起来四处看。”

“我也不知道小偷从哪边跑，就看到这边的人被推开，有个人冲出来，我下意识地直接拿手上的琴弓抡过去，也还好没抡到，我这二胡才完好无事。”

“没，没抡到他，不过倒是把他吓得停了一下，我回过神来怕挨揍，就没敢再做什么，他也没管我，就继续跑了。”

“啥？他不是小偷啊？！这个……这个……真是不好意思。”

那么问题来了，这两个人中，谁的供词比较可疑？

A. 无业青年甲

B. 街头艺人乙

C. 两人的供词都有疑点

D. 两人的供词都没问题

答案与解析

答案：B

解析：2019 年 9 月 13 日是农历八月十五中秋节，月相是满月，正常来说是 13 日 18:00 左右月出、14 日 06:00 左右月落，所以乍看之下，甲所说的自己在 20:45 左右看到月亮刚升起有问题；但是，我国是一个幅员辽阔、横跨 5 个时区的国家，却采用东经 120° 的地方时，即东八区的标准时为全国统一的标准时间，而和田与其有着两个多小时的时差，所以北京时间 20:45 的时候，和田当地的确刚刚月出没多久，所以甲的供词是没有问题的。

二胡在演奏时，琴弓和琴身是一体的。而从乙的供词来看，他停下演奏后也没有去拆卸琴弓，所以根本不可能在既不拧开螺丝又不破坏二胡部件的情况下用琴弓抡人，与所谓的“我的二胡才完好无事”存在矛盾，即乙的供词在客观上存在问题。

自杀的儿子

帕萨贝尔探长敲响了他家的门。

男人拉开门，看到门口身穿笔挺制服的警察发愣了一会儿，问道：“请问您有什么事吗？”

“不好意思，”帕萨贝尔从口袋里掏出证件，“您的儿子自杀身亡了，我是来调查情况的。”

“什么？”男人脸上满是诧异，“小勇死了？”

他难过地沉默了一会儿，便侧身让帕萨贝尔进入屋里，然后转身给帕萨贝尔沏了杯茶，并坐在帕萨贝尔对面的沙发上，开始说起自己的故事。

“我和阿菊结婚十五年了，我一直很爱她，”他回忆说，“我们结婚后的头几年就生了三个孩子，一家五口生活得很幸福。可是……”他停顿了一会儿，语气变得悲哀，“四年前她爱上另一个男人，说要和我离婚。我爱她，所以我顺了她的意。三个孩子和房产全都给了她。”

男人痛苦地抱住头：“也都怪我，在孩子们还小的时候我没给予他们父爱，小勇才会生出自杀的念头。我真是罪人。”

“确实是罪人”，帕萨贝尔淡淡说道，“先生，您被逮捕了。”

请问帕萨贝尔搞错了吗？

A. 帕萨贝尔搞错了

B. 帕萨贝尔没错

C. 无法确定

答案与解析

答案：B

解析：他有三个孩子，怎么知道是小勇死了呢？所以他一定是在警察通知之前就知道了，却装作不知道，小勇的死一定和他有关系。

董事长之死

这是乌云密布的一天，一位董事长被发现死于家中。最可疑的是厨师、保姆和一个工作人员，帕萨贝尔探长经过询问后发现他们三人中有一人在说谎——

厨师：我正在为董事长准备早餐。

保姆：我正在为董事长晒被子。

工作人员：我在家和孩子玩。

请问说谎的人是谁？

A. 厨师

B. 保姆

C. 工作人员

答案与解析

答案：B

解析：保姆在说谎，在乌云密布的环境下不可能晒被子。

偷牛的人

农历二月初二，智慧镇警察局里有人来报案。

报案人张三抓着小明说：“小明昨晚去我家牛棚偷牛！”

小明忙说：“我昨晚在睡觉不可能去偷牛。”

张三又说：“我昨晚借着月光看见小明在偷我的牛。”

警察想了一会儿，指着其中一人说：“你在说谎。”

请问谁在说谎？

A. 小明

B. 张三

答案与解析

答案：B

解析：农历每月初一的晚上几乎没有月光。

刺进后脑勺

小张在回家的路上突然被人用尖刀刺进后脑勺死去，刀还插在后脑勺里面。警方经过现场勘察发现了四名嫌疑人。这四人听警察说小张被人杀死了之后——

朋友甲：怎么会这样！发生什么事了？

前女友乙：虽然我们已经分手了，对于他的死我还是很悲痛。

小张老板丙：到底是哪个无耻恶棍居然从后面偷袭他！你们可一定要抓住凶手啊！

死敌丁：呵，谁帮我出了这口恶气的。虽然法律难容，但我一点都不恨他。

四人话音刚落，警察便拍案道：凶手就是你！

请问谁是凶手？

A. 甲　　B. 乙　　C. 丙　　D. 丁

答案与解析

答案：C

解析：丙是凶手。警察只是说小张被人杀死了，没说是有人从后面偷袭他。

送水的阿姨

“我出去办点事儿，你在家乖乖看电视哦！”皮特妈妈出去了。

“非得大晚上出门办事，怎么白天不去。”皮特心想，“不过正好，我可以一个人在家了。只是那送水的阿姨怎么还没来呀？她可是我妈妈最好的朋友，之前已经打过电话了啊，按理说应该要来了的。”

过了一会儿，皮特听到敲门声，便打开门。

“小朋友，送水啦！”

阿姨终于来了，她把水桶插进饮水机，看了看皮特，“看电视啊？”

“对呀，谢谢你了，阿姨！”

“不用谢，走了。”

皮特关上门。

第二天，妈妈还没回来，但皮特听到邻居说他妈妈死在了送水阿姨的店里，送水阿姨却说一晚上都没看到皮特妈妈。小区里的名侦探斯隆正和警方一起调查。

请问送水阿姨说的是实话还是谎话？

A. 实话　　　　B. 谎话

答案与解析

答案：B

解析：因为送水阿姨是皮特妈妈最好的朋友，所以她去皮特家送水时，没看见他妈妈，理应会问他妈妈去哪儿了，但她没问，说明她看见皮特妈妈在外面，或者说皮特妈妈在她店铺里，所以她说的是谎话。

彩虹之下

一场大雨过后，天空中出现了一道绚丽清晰的彩虹，许多居民都上街欣赏这难得的美景。

突然，一阵尖锐的警报声响起。只见一个蒙面人从银行中冲了出来，混入了人群。警方很快赶到了现场并封锁了附近的出口，最后，根据蒙面人的身高体形，帕萨贝尔探长确定了三个嫌疑人。但是苦于没有直接证据，无法确定罪犯。最后，探长邀请名侦探斯隆前往警局协助破案。在问到案发当时三个嫌疑人在做什么的时候，他们分别作了如下回答——

A：“我当时在银行对面，听到警报就过来看看热闹。”

B：“我在街上看彩虹呢，但是阳光太刺眼了，于是过去买了副墨镜。”

C：“我出门打酱油路过银行，和我没关系啊！”

“好了。”斯隆回头对探长说道，“我想我已经知道谁是真正的罪犯了。”

请问罪犯是谁？

A. 嫌疑人 A　　B. 嫌疑人 B　　C. 嫌疑人 C

答案与解析

答案：B

解析：彩虹一般出现在与太阳相反的方向，B 在说谎。

直升机上的遗书

知识城里有名的富翁罗森最近得了抑郁症。某天，罗森让自己的私人飞机驾驶员科尔驾驶直升机送他去海岛度假。

然而当直升机起飞半小时后，又飞回了机场。科尔一脸焦急地去报了案。他向负责此案的帕萨贝尔探长报告说，他正在驾驶直升机的时候，突然发现舱门被打开了，他回头一看，罗森从直升机上跳了下去。科尔降落了直升机之后，在罗森坐着的位置上发现了他打印的遗书。科尔将这张遗书递到了帕萨贝尔探长面前，帕萨贝尔探长接过来一看，只见上面写着：“我已经厌倦了这个世界，没有什么好留恋的了，再见吧。”

看完这张遗书之后，帕萨贝尔探长皱了皱眉头，一把将遗书捏成了一个团，直接说：“别说谎了，你就是犯人！”

请问科尔是犯人吗？

A. 科尔的确是犯人

B. 科尔不是犯人，是死者自己跳下去的

C. 这是意外事故

答案与解析

答案：A

解析：因为是直升机，所以打开舱门后，会产生很强烈的风，遗书是不会好好地放在座位那里的。

地上的戒指

有两位女士在一条街上吵了起来，斯隆看到后就问她们怎么回事。经过了解后知道：她们都在逛街，走路时互相撞倒了对方。她们爬起来时地上有一个标了商标的盒子，一看就知道里面装了一枚价格不菲的戒指，而双方都说是自己的。

A 女士说："这戒指是今天我逛街的时候买的。发生这事的一个小时之前，我进了一家美甲店出示了 VIP 会员卡做了指甲。这戒指是我当游泳教练辛苦赚钱才买到的，像我这种还算挺有钱的人怎么会做出抢别人东西的事。"

B 女士说："我前面一直在逛街，看看有什么好看的衣服和首饰。不过逛的太多了，都不记得逛了哪些店。这戒指是我今天买的，我是个模特，这戒指是用我辛苦工作赚的钱买的，别信她的话，我怎么会去抢别人的东西，做这种不道德的事。"

斯隆听完后指着其中一位女士说："你在说谎！"

请问斯隆指的是谁？

A. A 女士　　　　B. B 女士

答案与解析

答案：A

解析：A 女士说她前面在做美甲，并且说她是游泳教练。做了美甲的人游泳是很不方便的，而且她还是 VIP，说明经常去做指甲。因此 A 在说谎。

当值的锅炉工

隆冬时候，一名当值的锅炉工死在锅炉房内。帕萨贝尔探长勘察了现场发现死亡时间大约在晚上的10点钟，但无法确定是他杀还是意外。帕萨贝尔探长只好把其他锅炉工请来询问一些信息。

工友甲：今天早上我还在早餐厅用餐，当时早餐厅的伙计可以作证。我与死者是很要好的朋友，平时谈心比较多。

工友乙：我昨晚上晚班，晚上9点就打卡下班了，临近下班前，我在锅炉房内透过窗户看见死者在锅炉房外与两个人在争执，当时我看见他们的情绪都很激动。

工友丙：我昨晚上身体不适请假到医院去了。但是前一天我看到死者时，他没有异常。

听了他们三个人的话，探长感觉有一个人在说谎。请问说谎的是谁？

A. 工友甲　　　　B. 工友乙　　　　C. 工友丙

答案与解析

答案：B

解析：隆冬季节，锅炉房内的气温远高于室外，窗户的玻璃上都是雾气，怎么可能看到窗户外面的情况。

9点30分

阿力死了。

第一时间，帕萨贝尔探长问了下列嫌疑人9点30分去哪儿了？

A：我一直在家里，没有出去过。

B：怎么可能是我杀的，我一直在上网。

C：和 D 一起逛街。

D：和 C 一起逛街。

帕萨贝尔探长一下就抓住了一个人说话的漏洞。请问这个人是谁？

A. 嫌疑人 A　　B. 嫌疑人 B

C. 嫌疑人 C　　D. 嫌疑人 D

答案与解析

答案：B

解析：因为帕萨贝尔探长只问他们 9 点 30 分在哪儿，并没有说阿力已经死了，那 B 怎么可能知道的呢？

三个小时

卢克死了，被人一刀割喉而死。

经过帕萨贝尔探长的精心调查，发现卢克大约已死了三个小时。

而嫌疑人有三个，卢克细心的女朋友 A，卢克的朋友 B，卢克的同事 C。以下是对三位嫌疑人的调查分析——

女朋友 A 说："我非常爱卢克，虽然我们常因小事而吵架。而且我不能容忍他经常逛夜店。"在得知卢克死亡后，A 坐在沙发上，边回答帕萨贝尔的问题边哭泣。

朋友 B 说："我是一名专业的游泳运动员，我刚参加完奥运会回来没几天，我经常邀请卢克到我家游泳。"说完这句话，便擦擦身上还没干的胸毛，并且帕萨贝尔还了解到 B 也喜欢 A，可 A 并不喜欢他。

同事 C 说："虽然他的业绩比我好，我非常嫉妒他，但我不至于杀死他。"说完 C 便坐了下来，拿出手机打开了 33IQ 客户端，开始答起了侦探推理的题目。

经过帕萨贝尔探长的思考，很快便知道谁是凶手。请问说谎的人是谁？

A. 女朋友 A　　B. 朋友 B　　C. 同事 C

答案与解析

答案：B

解析：B在说谎，如果真的刚参加完奥运会，除了头发和生殖器官那里的毛发外，其他部位的毛发一定会被剃光的，因为这些毛发会产生阻力，虽然微不足道，但在水平差不多而且重要的赛事上这点是必须要做到的，即使运动员本身不想做，教练也会强制要求，这么一点导致的比赛成绩的微小时间差，最终可能会造成惜败的不利结果。还有一点，除毛之后身体对水的感觉会更精确。

富商之死

一个星期天的下午，一名富商惨遭杀害。

帕萨贝尔探长马上控制住了当时在场的几人：妻子、女仆、管家、厨师和园丁。

妻子：我在看购物目录。

女仆：我在为主人保养首饰。

管家：我在给餐具和碟子抛光。

厨师：我在煮早餐。

园丁：我在种西红柿。

请问谁在说谎？

A. 妻子　　B. 女仆　　C. 管家

D. 厨师　　E. 园丁

答案与解析

答案：D

解析：厨师说的肯定是假话，不可能在下午做早餐。

董事长千金的生日

今天是一个特别的日子，名侦探斯隆受邀参加一个生日派对，生日派对的主角是董事长的千金。

“喔！不愧是董事长千金的派对啊！这隆重的……”在斯隆一旁的助理托马斯松说道。斯隆对他说：“别大惊小怪的，这很正常。”“可是你瞧瞧，这桌子摆的，那么美的桌布还镶着边，这地毯厚得像踩在床上一样，你再瞧瞧这，这，还有这……”

到了七点钟，千金的生日派对开始了，当全场的灯都关了，千金前去吹灭蜡烛之际突然倒下了。大家打开灯以后都震惊了！只见在千金的心脏部位有一道深深的刀口，地上有一把刀，整把刀都沾满了血。

在千金尸体的附近只有 A 一个人的手沾满了血，B 看到了说：“我早就听到了刀落地的声音，就是你那边传过来的。”

C 说：“没错！这全场的人也只有你的手沾满了血。”

“恐怕是你当时太慌忙了，扰乱了你自己的计划吧。”身旁的 D 说道。

斯隆想了一下，说：“真相早已浮出水面。”然后，他把手指向了凶手。

请问他指向了谁？

A. 嫌疑人 A　　B. 嫌疑人 B　　C. 嫌疑人 C

D. 嫌疑人 D　　E. 无法判断

答案与解析

答案：B

解析：既然地面铺有厚厚的地毯，又怎么能听得到刀落地的声音呢？唯一正确的解释是 B 在说谎。

甲板上看海景

有一艘英国豪华邮轮正在环球旅行，大家都在甲板上看海景，但是等到大家欣赏完海景回到船舱时，发现有人东西不见了。船长经过帕萨贝尔探长的指导发现，有四个工作人员有嫌疑，因为他们没有去甲板。下面是这四个人关于当时他们在干什么的说明。

A：我一直在机械室，在保养发动机。

B：我在休息室休息。

C：我刚刚在顶层更换国旗，后来发现挂反了，只好重新挂了一次。

D：我一个人在房间玩塔罗牌。

请问这四个人中谁是小偷？

A. 嫌疑人 A　　B. 嫌疑人 B　　C. 嫌疑人 C　　D. 嫌疑人 D

答案与解析

答案：C

解析：C 是小偷，因为英国国旗挂没挂反都一样。

没有玻璃打碎声

某厂财务室保险柜中的 15 万元现金被盗。财务室里，玻璃碎片满地都是。小偷似乎是将窗玻璃打破后，打开窗从外面跳进来作案的。

工厂当晚的值班人对协助调查的斯隆说：“大概半夜 1 点时，我起床巡视，看到窗子锁得好好的，窗帘也拉着，没有失窃现象。我想小偷大概是在 1 点以后作的案。”

斯隆问：“你没有听到玻璃被打碎的声音吗？”

值班人说：“工厂旁边就是铁路，可能是火车声掩盖了玻璃被打碎的声音。”

请根据以上条件判断犯人的身份。

A. 铁路工人　　B. 值班人　　C. 普通小偷　　D. 工厂工人

答案与解析

答案：B

解析：如果窗帘拉着，玻璃碎片就不会满地都是，所以值班人在说谎。

突击审问

放学了，小明和小 A 走在路上。有一名黑衣人手持刀具向小明冲过来。小明大惊失色，往旁边躲闪，可惜黑衣人仍没放过他，用刀捅死了他。

警察通知了家属和当时在事发地点附近的人，他们来时天色已晚，可刚到，警察就进行了突击审问，没有给他们探听情况和聊天的时间。

以下是口供——

小 A："小明和我走在路上，我口渴就去买了水，回来的时候他就……"

哥哥："当时我在和同学打篮球，小明早早就走了，我不知道小明去哪里了。"

女神："小明死了？他昨天还向我表白呢？怎么今天就死了呢？求求你们一定要抓住那个变态黑衣人啊！"

母亲："我的儿啊，儿啊，我不逼你了，你回来吧！"

请问警察该先抓谁？

A. 小 A　　B. 哥哥　　C. 女神　　D. 母亲

答案与解析

答案：C

解析：小明被黑衣人所杀，而警察并没有让他们了解情况，女神从何得知是黑衣人杀了小明的呢？所以女神嫌疑最大。

停电的老式楼房

中秋节晚上，一栋老式楼房突然停电，当来电时，房东被杀死，经斯隆排查，有三个嫌疑人。以下为口供——

甲：我当时在洗澡，因为突然停电，我就出来看看发生了什么事。

乙：我当时本来想打电话的，可突然停电了，没办法，我只好去外边打。

丙：我当时在剃胡须，结果突然停电，我就不小心划到自己的脸了，你看，我脸上还有伤疤呢。

请问谁是凶手？

A. 甲

B. 乙

C. 丙

答案与解析

答案：B

解析：停电不妨碍固定电话通话。

球迷间的较量

凯文惨死在家中，法医鉴定案发时间大约为凌晨4点。帕萨贝尔探长盘问了最近和被害人交往密切的三个人。

A，球迷：凌晨4点，我在家看球，法国队 vs 西班牙队，说实在的，西班牙今天赢得非常侥幸。

B，球迷：作为一个球迷我很惭愧。那时，我和网友出去玩了，我用手机看的直播，巴尔德斯表现得还是不错的。

C，伪球迷：我也在家看球，凌晨4点的时候，双方球员都在高唱国歌，我觉得西班牙赢一个球完全是少了。

帕萨贝尔探长很快发现其中一个人说了谎。请问说谎的人是谁?

A. 嫌疑人 A　　B. 嫌疑人 B　　C. 嫌疑人 C

答案与解析

答案：C

解析：西班牙国歌是没有歌词的，球员怎么可能会唱国歌呢?

S先生

S 先生被发现死在家里，帕萨贝尔探长调查出四个嫌犯：

D 小姐：你们怀疑我？他是我最好的工友，他有什么困难我都帮他！案发那天我在月亮湖，这儿有照片！

F 女士：我？我正在幼儿园教小朋友折纸，我们折了个千层饼。首先，把一张纸对折十次……

K 先生：我啊，我和我老婆去南非了，我们受到了热情接待，那儿的东西真好吃啊！

B 先生：混蛋！我是你们怀疑的人吗？我有不在场证明！我也根本不认识什么 S 先生！

请问谁在说谎?

A. D 小姐　　B. F 女士　　C. K 先生　　D. B 先生

答案与解析

答案：B

解析：没有一张幼儿园折纸可以对折十次，显然她在撒谎。

临时停下的列车

普速列车在开往知识城的路上临时停了 15 分钟，结果等再次启动时，有人发现自己的包被偷了。这时，四个人有嫌疑。

乘警后来在斯隆的协助下开始盘问这四人，但这四人都说自己当时有事，所以没下车。

A 说：我去别的车厢找我朋友聊天去了。

B 说：我那时觉得肚子饿，便去餐车买吃的。

C 说：我那时候正好肚子疼上厕所去了。

D 说：我一上车就一直在睡觉，刚刚睡醒就被你们叫来了这里。

请问谁更有嫌疑？

A. 嫌疑人 A　　B. 嫌疑人 B　　C. 嫌疑人 C　　D. 嫌疑人 D

答案与解析

答案：C

解析：C 最有嫌疑，普速列车停车时是不允许上厕所的。

大提琴手之死

大提琴手 Z 女士死在一辆银灰色的小轿车里，身中两弹：第一颗子弹从右大腿穿过，在黑色的紧身裙上留下了一大块血迹；第二颗子弹是致命伤，射穿了她的腹部。车子就停在她的住宅门口，车内还有一把大提琴。

据帕萨贝尔探长推断，她遇害的时候应该是晚上 7 点左右，离她在国家音乐厅的演出时间仅差了半个小时。

帕萨贝尔分别取得了三个人的证词——

第一份证词来自 Z 女士的房东太太，正是她发现的尸体。她说：“Z 女士打算出席音乐会但不参与演出，因为她与乐队里的一个同事L先生闹翻了。而且她已经一个星期没有练琴了，那把琴就一直搁在车上没动过。”

第二份证词来自Z女士的同事L先生。L先生坚持说他与Z女士已和好，而且Z女士已经答应参加演出，并和他约定像以往那样7点10分驾车去接他然后一起去音乐厅，但他空等了一场。

第三份证词来自乐队指挥W先生，他说Z女士完全可以在不排练的情况下出色地演奏，因为音乐会的曲目已反复排演过多次。

听完三份证词后，帕萨贝尔立即判断出他们三人中有一个人在撒谎。请问，说谎的人是谁？

A. 房东太太

B. L先生

C. W先生

答案与解析

答案：B

解析：帕萨贝尔断定Z女士并不像L先生说的那样打算参加演出，因为一个大提琴手是不可能穿着紧身裙演出的。

寒夜里的珠宝店

在一个寒冷的夜晚，知识城中一家珠宝店发生了盗窃案，迅速赶来的警察在附近抓到了三个可疑分子并展开审问。斯隆经过探查发现，他们当中有一个是给犯罪分子放哨的同伙：

A是一个衣着干练的妇女，她在寒风中颤抖着说：“我的车坏了，我下来是为了找修车铺，你们可以去看看我的车，到现在还没找到人修呢。”

B拄着黑色手杖，他说：“我是个瘸子，刚才我在等公交车，我是离珠宝店不远的那家五金店的老板，我今天关门关的晚。我听到了街边的动静，但我什么也没看见。”

C 是一个浑身酒气的醉汉，他被警察叫住时正喝着一瓶伏特加，天气很冷，使得他的酒已经开始结冰。他含糊不清地说："我什么都不知道，我要找个暖和的地方睡觉。"

请问谁是犯罪分子的同伙？

A. 嫌疑人 A

B. 嫌疑人 B

C. 嫌疑人 C

答案与解析

答案：C

解析：伏特加是烈酒，烈酒的冰点很低，即使在零下几十度的户外也不会结冰。C 一身酒气但是喝的却不是酒，为的是伪装成醉汉替窃贼放风。

爱吃巧克力的小偷

8 月 14 日下午，警方接到线报，有个多次偷窃并且喜欢吃巧克力的小偷今日会坐长途空调大巴车到本地车站中转。

但是帕萨贝尔探长因为路上遇到堵车来晚了，到达时，那辆大巴车刚刚开离车站，而此时站台有三个吃巧克力的人。

A 吃的是巧克力泡芙，他碰到了几个人，还跟人呛声：你的嘴别擦在我的衣服上！

B 吃的是巧克力豆，他一直站在站台边上，向四周张望，口袋里有很多纸巾。

C 吃的是牛奶巧克力，他坐在座位上，吃巧克力的声音很脆，一边吃一边看着报纸的娱乐版块。

此时帕萨贝尔已经知道小偷是谁了，请问谁是小偷？

A. A 是小偷　　　B. B 是小偷　　　C. C 是小偷

答案与解析

答案：C

解析：因为当时是夏天，如果是牛奶巧克力就会融化，吃起来不会发出很脆的声音。但如果刚才坐的是空调车，巧克力就不会马上融化。

医生的病人

史密斯教授的昔日同窗——一个知名的医生在办公室被杀害了。帕萨贝尔探长根据目击者的证词得知，在医生死亡的那天，有四个病人单独来办公室拜访过医生。于是警方便传讯这四人来警局接受调查。

在被传讯前，这四个病人共同商定，给警方的供词全部都是谎言。

病人A：

①我们四个人中没有一个人杀害医生；

②我离开医生办公室的时候，他还活着。

病人B：

③我是第二个去医生办公室的；

④我到达他办公室的时候，他已经死了。

病人C：

⑤我是第三个去医生办公室的；

⑥我到达他办公室的时候，他还活着。

病人D：

⑦凶手不是在我去医生办公室之后去的；

⑧我到达办公室的时候，医生已经死了。

请问这四个病人中谁杀害了医生？

A. 病人A　　B. 病人B

C. 病人C　　D. 病人D

答案与解析

答案：A

解析：首先根据八条谎言证词，推断出真实情况：

①这四人中的一人杀害了医生。

②病人 A 离开办公室时，医生已经死了。

③病人 B 不是第二个去办公室的。

④病人 B 到达办公室时，医生还活着。

⑤病人 C 不是第三个到达办公室的人。

⑥病人 C 到达办公室时，医生已经死了。

⑦凶手是在病人 D 之后去办公室的。

⑧病人 D 到达办公室时，医生还活着。

根据④、⑧、②、⑥可以推出病人 B 和病人 D 是在病人 A 及病人 C 之前去办公室的。

再根据③可以推出病人 B 是第一个去的，病人 D 是第二个去的。

根据⑤可以推出病人 A 是第三个去的，则病人 C 是第四个去的。

根据⑧、⑥可以得知，医生是在病人 D 到达后到病人 A 离开这段时间内被杀。

最后，根据⑦得出凶手是病人 A。

Part 3

失窃宝物

价值连城的宝物往往是盗贼的首选目标，各种棘手案件往往出自于此，但智者千虑必有一失，再聪明的盗贼也会有疏忽的地方。这需要一个拥有良好观察力的人来发现这些疏漏。一个人的观察能力与他的知识、经验以及职业兴趣有着密切关系。对于同一件事物，有些人可以理解得更深，一下子就能抓住那些不大明显，然而却是本质的特征。作为一名侦探就需要运用智慧和观察力发现这些细小的纰漏，找回这些失窃的宝物！

打翻的红茶

市美术馆的一幅名画失窃了。接到报案电话，名侦探斯隆驾车飞速赶到了案发现场。被盗的名画大概是明信片的两倍大，只剩镜框，而镜框上尚有两只苍蝇停留。

镜框上的苍蝇引起了斯隆的注意，于是他逐一向美术馆管理人员询问关于案发前的情况。

“昨晚将画作摆好之后，我们四个管理员便在一起喝红茶，喝完大家就回家了，今早才发现名画被盗。唉！”管理员乙说。

“谁是昨晚最后离开的？”斯隆问。

管理员乙说：“是丙和丁先生。”

丙说：“可是，我俩要回去时，甲因为有东西忘了带走，又回来了。”

甲说：“我发现忘了带走手帕就回来拿。”

“手帕？”斯隆把脸转向了甲，问：“甲先生，怎么回事？”

甲说：“因为喝红茶时不小心把杯子碰翻了，我便用手帕擦拭，顺手放在一旁晾干后忘了带走。”

斯隆经过分析，终于查了出来，就是上述四个人中的一个人偷走了这幅名画。

请问偷画的人是谁？

A. 甲　　B. 乙　　C. 丙　　D. 丁

答案与解析

答案：A

解析：甲在偷走名画以后，想用擦过红茶的手帕把指纹擦掉，而手帕上有糖，所以有苍蝇停留在镜框上。

又见手帕

初秋的一个星期三的早晨，警方接到市展览馆来电，得知该馆二楼一个中国美术巡回展览厅内，一幅展览中的名画《国宝》被人偷去了，只剩下一个空空的镜框。

警方赶赴现场，发现被盗的是一幅名画。名侦探斯隆协助查案。

斯隆向负责监察此项展览的艺术总监查尔斯询问，查尔斯说："我们一共有三人轮流负责查看，昨晚下班的时候，我与副总监安德鲁是最后离去的，接着我们三人一起去附近的酒吧喝了会儿酒，然后各自归家。今天早上回来，才发觉《国宝》不见了！"

"我和总监确实是最后离开博物馆的，但喝完酒回家的路上，助理戴维对我说他落了一些东西在博物馆，便向我借钥匙回去拿。"副总监安德鲁插嘴道。

"对，我忘记拿太太今早送给我的生日礼物了，要是被她知道我这么粗心，少不了要说我一顿。"戴维说完后，便将一条漂亮的手帕拿出来，给各人看。

斯隆沉默片刻后便指出了小偷。请问小偷是谁？

A. 查尔斯　　　　B. 安德鲁　　　　C. 戴维

答案与解析

答案：C

解析：理由很简单，斯隆发现了戴维话中的矛盾。因为他说案发当晚遗留了太太送给他的手帕。而手帕是星期三（今天）早晨太太才送给他的生日礼物，又怎么可能在星期二晚上遗留在博物馆呢？可见他是偷画贼。

窄口瓶里的钻石

一位富商最近购置了一颗价值连城的钻石。为安全起见，他特意把钻石放在了一个很大的窄口玻璃瓶内。玻璃瓶本身重 80 多公斤，普通人想搬走并不是一件容易的事。除此之外，富商还在放钻石的房间装上了防盗警报，只要有人移动玻璃瓶，警报系统就会发出声响示警。

某天晚上，富商从外面应酬回来大吃一惊，因为那颗钻石竟然不见了！

他急忙报警。

经过帕萨贝尔探长调查得知，富商外出后曾经有三个人先后进入过这间房间。

一个是负责清洁地毯的工人，一个是管家，一个是守卫。

请问这三个人中谁能够在不移动玻璃瓶的情况下，把那颗钻石偷走？

A. 管家　　　　B. 守卫　　　　C. 负责清洁地毯的工人

答案与解析

答案：C

解析：他可以利用吸尘器吸出钻石。

珠宝店里的暴发户

一天，我陪着朋友去知识城里一家有名的珠宝店买钻戒。

不一会儿，珠宝店来了一个看起来像暴发户的男人。他一身名牌服装，戴着帽子，但言语粗俗，态度蛮横，嘴里还嚼着口香糖。

他在柜台前挑三拣四，一会儿看项链，一会儿又要看戒指，弄得店里手忙脚乱的。但为了业绩，店员也只能忍气吞声。

在看钻石的时候，那个男人不小心让手里的钻石掉到了地上，他蹲下去捡起来还给了店员。“没什么好货色，不买啦，不买啦！”那个男人嚷嚷着，起身准备离开。

店员检查了一下钻石，便立刻拦住了那个男人："你不能走，你把钻石给调换了！"

"什么？你们卖假货还怪我？"男人大发脾气。

"肯定是你把钻石调换了，你想走就得先让我搜身！"店员也不示弱。

"搜身可以，但你要是搜不出来，我跟你没完！"男人说。

可是店员搜遍了男人的全身也没发现钻石，这下男人凶了，非要店员赔他一笔精神损失费。

我默默地走到店外，拨了报警电话。

不一会儿警察来了，我当着大家的面找出了男人藏起来的钻石。

请问男人将钻石藏在了哪里？

答案与解析

答案：口香糖里

解析：那个男人在捡钻石的时候，用口香糖把钻石粘到了柜台下面，然后把先藏好的假钻石（比如说在袖口里的假钻石）还给店员。按他的原计划，过一会儿他的同伙会假装来买东西，找机会取走钻石。这么做也是因为他藏在自己身上会有被搜身发现的危险。

谁的玉镯

某个冬天的夜晚，一个漂亮的妇女和一个老头儿正在争吵，四周围了一群人。妇女手中拿着一个玉手镯，看起来价值连城。

妇女先开口："这是前几个星期我先生出差给我买的手镯。我在古董界也算是小有名气，好不容易看到这个极品，连洗澡都不舍得摘下来。谁想到走到这个老头儿的店里，他硬说这是我抢他的，你说气不气人！"

老头儿反驳说："胡说八道！这是我放在柜子里的，你拿起来看，连钱都没付就走了！”

周围有人说：“我认得这个老头子，他是开玉器店的！”

也有人说：“这个女的专门收藏古董，是她的没错。”

妇女得意一笑：“我对玉器非常在行，不可能抢东西的。”

路过围观的名侦探斯隆走了过来，淡定地拆穿了说谎的人。请问到底是谁在说谎？

A. 妇女　　　　　　B. 老头子

答案与解析

答案：A

解析：玉最好不要在热水里泡，尤其是冬天，热胀冷缩会对玉石造成比较大的伤害。既然妇女说自己对玉器非常在行，那不会连这些基本的常识都不知道，所以她在说谎。

明光寺之宝

智慧城外有个明光寺，寺内有座宝塔，塔顶有一颗闪闪发光的大佛珠。明光寺的住持是个颇有名望的老和尚，和斯隆算是旧识。

今年中秋节，住持外出化缘，留下两个徒弟管理寺庙。半个月后，老和尚回来发现塔顶的佛珠被人偷了，便把两个徒弟叫来询问。

大徒弟说：“昨夜我上厕所，借着月光看见师弟爬上塔顶偷走了佛珠。”

小徒弟辩道：“我昨晚在禅房里念经，念到困了便直接睡下，之后再没起来过，佛珠不是我偷的。貌似自从师傅走后，佛珠就没发过光呢。”

老和尚听完两人叙述后便知谁说了谎，偷走了佛珠。

请问谁偷走了佛珠？

A. 大徒弟　　　　　　B. 小徒弟

答案与解析

答案：A

解析：“中秋”后“半个月”是农历初一，农历初一月亮和太阳同升同落，不会有月光。因此，说谎的是大徒弟。

价值连城的鸟巢

一天，美国的一位富豪在自己的别墅中举办宴会。别墅的绿化特别好，庭院里栽满了树木，还能听见各种鸟叫声。客人们在一楼大厅中一边谈笑，一边品尝着美味的菜肴，一切都显得自然惬意。

一位女客人去洗手间洗手的时候，将自己的钻石戒指放在靠窗户的桌子上，出来后，竟然发现钻石戒指不见了。

门是关着的，洗手间是在别墅的三楼，也没有其他的人来过，别墅里的仆人都是经过精心挑选的，绝对忠实可靠，并且在戒指丢失之前，仆人们都没有去过楼上。三楼窗户的外边也没有任何梯子。

由于是在自己的别墅里发生了这种事情，富豪感到非常尴尬，也觉得丢了面子。这种失窃案已经发生过三次了，这一次更是让他在所有客人的面前出丑，因此他决定必须将事情调查清楚。他拿起电话，准备向警方报案。

这时，碰巧做客的斯隆走到了富豪的面前，他听那位女客人仔细地讲解了事情发生的过程，又听见富翁说之前也发生过类似的两起失窃案，他露出微笑说：“先生，您先别报警，这件事让我来解决吧。”

斯隆在别墅的四周转了几圈，最后停在一棵大树底下，然后指着大树上面的喜鹊窝说：“谁比较擅长爬树？爬上去看看喜鹊窝，里面应该有东西。”

一位机灵瘦小的仆人很快就爬上了大树，大声叫起来：“里面有东西，金手镯！钻石戒指！项链！东西都在这里！”

请问是谁偷了这些东西？

答案与解析

答案：喜鹊。

解析：有的小鸟，比如喜鹊、松鸡等，特别喜欢闪闪发光的东西，当它们看见这种东西的时候，就会衔回自己的窝里。所以是喜鹊“偷”的。

加拿大北部的失窃案

2012 年 12 月 22 日，一幅价值连城的画在加拿大北部展览时被盗，警方根据监控录像判断画的被盗时间是在 21：00 到 21：30 之间，并马上找到了三个嫌疑人。

甲拿着展览馆的门票说：“那时我的确在展览馆，不过我在 21：15 就离开了，我真的没有偷画，门口的保安可以作证。”

乙说：“我是一名探险家，我是早晨 8：00 到镇上的，听说后面的雪山是个不错的探险地，你看，这是我早晨拍的照片（照片上，乙站在雪山脚下，头上戴着一顶黑帽子），之后我就一直在探险了，直到 20：00 我才回家休息，实在太累了。”

丙拿着一把快没电的手电筒说：“我是一名地质学家，我前天就来了，一直在此地考察，从 18：00 起到你们叫我为止，我一直在家整理材料，从没出去过。”

协助调查的斯隆看了看他们手上的东西后再看看周围就指出了偷盗者是谁。

请问谁是偷盗者？为什么？

A. 甲　　B. 乙　　C. 丙

答案与解析

答案：B

解析：2012 年 12 月 22 日加拿大北部处于极夜期，丙作为一名地质学家考察，拿着一把快没电的电筒很正常，甲也没有可疑之处。但乙的照片很清晰，所以乙的照片是在以前拍的。

精致的古钱币

这是一家很有名气的博物馆，今天展出的是一枚非常漂亮的古钱币，不同于其他古钱币，这枚古钱币像一角硬币一样精致小巧。参观的人们都赞叹这枚古钱币真是漂亮极了。

到了闭馆的时间，馆长突然发现古钱币不见了。古钱币之前还在这里，一定是刚刚被偷走。他立马下令关闭博物馆。博物馆里只剩下三个参观者，毫无疑问，就是他们三个中的一个偷了古钱币。

A，男，穿着宽松的运动服，手里拿着包，鬼鬼祟祟的样子，耳朵里不知塞着什么。

B，男，模样凶狠，口里嚼着口香糖，手上戴着戒指，还拿着一本古物鉴定书。

C，女，穿着短裤，正在玩最新款的粉色手机，年轻时尚。

馆长生气地说：“肯定是你们偷了古钱币，别装了，警察已经来了。”

B 凶狠地吼道：“才不是老子呢，我对那破玩意儿没兴趣！”说着就把书紧紧抱在胸前。

A 搂着自己的包，不出声，身子有些颤抖。

C 吓得哭了，委屈地说：“馆长，不是我，我给妈妈打个电话好吗？”然后走到博物馆的公用电话亭，拿起听筒。

帕萨贝尔探长来了，他看着颤抖的 A，恶狠狠的 B 和边哭边打电话的 C，便指着一个人冷冷地说：“别装了，就是你偷了古钱币。”

请问是谁偷了古钱币？

A. 参观者 A

B. 参观者 B

C. 参观者 C

答案与解析

答案：C

解析：是C偷了古钱币。她身上明明有最新款的手机，却要求用公用电话，她肯定把古钱币投在了电话亭里。

匿名的消息

名侦探斯隆的助手托马斯松拿着一份匿名电报走来，上面写着："市博物馆有幅名画被盗，请速来侦破。"斯隆看看表说："现在是晚上10点，去看看！"说完就出门驾车赶往博物馆。

展厅里站着一男一女两个管理员。斯隆说："刚接到消息说这里有幅名画被盗，请带我先查看一下现场吧。"

检查完毕，斯隆觉得不像是外部偷盗，就让那两人讲讲失窃前后的情况。

女的说："7点半下班时，我们一起锁上大门，各自回家。几分钟前，他通知我说有幅名画被盗，我就赶来了。"

男的说："我回家后想起有份重要文件落在了展厅，就又回来取，结果发现名画不见了，于是马上给她打电话。"

斯隆问："7点半关门时画还在吗？"

"还在，我为画掸过灰尘。"男的答道。

斯隆请女管理员讲讲看法，她说："我对发生的这一切都不知道。依我看，肯定是偷画人给你发的电报，想故意把水搅浑，这种贼喊捉贼的把戏在众多案件中屡见不鲜。"

"你说得对极了，我知道那幅名画是谁偷的了！"

请问小偷是谁？

A. 男管理员

B. 女管理员

答案与解析

答案：B

解析：斯隆只字未提匿名电报之事，女管理员却自己先说了出来，可见她偷了画，又发了电报。

桌上的青铜杯

辛迪在家里开了个聚会，来了很多朋友，一直玩到了凌晨。等到宴会将要结束的时候，辛迪突然发现，她摆放在客厅桌子上的青铜杯不见了。那个青铜杯价值连城，据说是古夜郎国宫廷所用，是她家祖传的宝贝。

辛迪迅速把自家的大门锁上，不让朋友们离开，并拨打了同小区的侦探斯隆的电话，请斯隆前来破案。

斯隆到来前，辛迪不管是搜身还是搜查房间都试过了，但都没有找到青铜杯。

于是，斯隆便直接开始对所有参加聚会的人员进行盘问。

在盘问了十二位宾客后，斯隆排除了他们作案的可能，嫌疑落在了最后三个人身上。

A："我和C都是最先一批到达的客人，我始终没有离开过房间。"

B："我必须得回家了。"他先道歉说，"要是两点我还没有回家做饭，我的老婆会让我跪搓板的。我期间就出去过一趟，上了二楼阳台，觉得外面很冷，不一会儿就回屋了。"

C："我根本没有离开过客厅，也没有看到什么异常。我是第二个来到宴会的，一直在跟不同的人说话，还品尝了桌子上丰富的食物，我什么也没有发现。不好意思，我家里有事先回去了。"随后，C走到玄关，从挂满衣服的衣架顶端取下自己的大衣。

"哇哇……看来我的宝贝找不到了！"辛迪突然坐在地上失声痛哭。

斯隆说："不用找了，我已经找到了嫌疑人，就是……"

请问斯隆认为的嫌疑人是谁呢？为什么？

A. 嫌疑人 A　　B. 嫌疑人 B　　C. 嫌疑人 C

答案与解析

答案：C

解析：嫌疑人 C，他和 A 是最早一批来的，第二个来到宴会的衣服却挂在了最上面。那么就是说，他先和 A 第一批一起进来，然后拿走了青铜杯放在衣服里。

夜明珠上的淀粉

一天，某出版商带着合作商甲、乙参观他家的藏品，但甲、乙翻书时都不小心被锋利的纸刃划破了手，出版商的妻子细心给他们涂上了碘酒。

之后出版商还向甲和乙两人炫耀他新收藏的一颗夜明珠，不料正匆忙走过的厨娘不小心将一袋淀粉洒了上去，幸好夜明珠没什么大碍。

甲和乙见了夜明珠，都很激动。

第二天，夜明珠竟然不见了！

出版商焦急万分，他找来了甲和乙两人。只见甲的手上是蓝色的，乙却是褐色的。

请问是谁偷了夜明珠呢？

A. 甲　　B. 乙

答案与解析

答案：A

解析：碘酒遇夜明珠上的淀粉会变蓝，而甲的手上是蓝色，所以是甲偷了夜明珠。

电焊保险箱

帕萨贝尔探长接到一宗报案，报案者说自己家里面的钻石不见了，装钻石的铁质保险箱被电焊给分割成两半，里面的钻石不翼而飞。

帕萨贝尔探长根据留在保险箱上的指纹找到了用电焊焊开保险箱的盗贼。

抓到盗贼后，盗贼承认自己知道保险箱里面有钻石，也承认是自己用电焊焊开保险箱，但是他将保险箱焊开后却并没有发现什么钻石，是报案人想敲诈勒索。

双方争吵不休。

突然帕萨贝尔探长说：“我知道怎么回事了，你这个蠢贼，你有锯子、有万能钥匙不用，干吗偏偏用电焊！”

请问到底是怎么回事？

A. 报案人无中生有

B. 盗贼偷了钻石不承认

C. 都不是

答案与解析

答案：C

解析：两个人都没有说谎，报案人确实在铁质保险箱里面预先放了钻石，而盗贼用电焊将保险箱焊成两半后也确实没有看到钻石。不可思议吧！其实这个蠢贼在焊的过程中由于发出高温，将保险箱里面的钻石给氧化成二氧化碳了。钻石其实是碳单质，高温作用下和氧气发生反应，生成了二氧化碳。之前的钻石已经被这个蠢贼用电焊变成箱里的二氧化碳气体了。

防盗玻璃柜里的钻石

一个规模庞大的珠宝展览在知识城国际商贸大厅举行，其中最引人注目的是一颗巨大的钻石，价值超过千万元。

为了防止这颗钻石被盗，珠宝商特邀一家防盗公司设计制作展柜，成品上装有防盗玻璃，可以抵御重锤乃至子弹攻击，轻易不会破裂。同时，在会场中还装有防盗设施如摄像头等。

一天，参观的人很多，一个男子迅速走到玻璃柜前，用一重锤向柜子奋力一击，玻璃竟然破裂，男子抢走钻石后乘乱逃走。

侦探斯隆事后随警方到现场侦查，发现玻璃确实是防盗玻璃，而摄像头刚好只拍到窃贼的手，看不清面部。

斯隆根据防盗玻璃的特性，很快捉到了盗贼。

请问到底谁是窃贼，又是用什么方法打破了防盗玻璃的呢？

答案与解析

答案：防盗玻璃整体是难以毁坏的，但如果玻璃上有个小小的缺陷，用锤在那里一击，防盗玻璃就会破碎。知道这个破绽的人，只有设计制造防盗玻璃柜的那个人。

溶液里的钻石

一群游客来到市博物馆参观，馆中的镇馆之宝是一颗大钻石。这颗钻石被浸泡在一种溶液中，当这种溶液接触到盐分时就会变成浅绿色。

游客即将离馆时，警卫突然发现钻石被偷了，于是立刻报了警。帕萨贝尔探长到达后将所有游客都拦在了馆中，并生起了炉子。

请问为什么要将炉子生起来？

答案与解析

答案：将炉子生起来，是让人们流汗，汗中有大量盐分，当有人的手变绿后，那么这个人就是小偷。

价值连城的邮票

大牛与小马合谋将邮票展览中价值连城的古版邮票偷走，离开时小马带着邮票，两人分开逃跑。

两天后，大牛来找小马，商量将邮票变卖分赃。小马道："现在风声正紧，我把邮票藏到秘密的地方了。等过些日子，我们再取出来变卖吧。"但大牛认为，这是小马想独吞邮票的诡计，不肯答应。

最后，小马说："这样吧，邮票由你保管，等风声过后我再来找你，这样你总可以放心了吧？"大牛答应了小马的建议。

小马取出一把钥匙，说："我把邮票藏在一本书第35页和第36页之间，这本书放在距离这里两条街的邮局信箱内。这是邮箱的钥匙，钥匙上有信箱的编号。你去拿吧，晚些我再与你联系。"

大牛拿了钥匙便匆匆往邮局赶去，走到半路，他停了下来，低声骂道："混蛋！竟敢骗我！"他跑回去找小马，但小马早已逃之夭夭了。

大牛为什么说小马欺骗了他呢？

答案与解析

答案：因为第35页和第36页是一张纸的正反面。

三颗钻石

富豪有三颗钻石，虽然每颗只有绿豆般大，但颗颗都是价值连城，所以富豪非常重视。

为了好好保存钻石，富豪把钻石放在一个密室之中，在密室中更安排了一条由他亲自训练的爱犬看守着。

此外，唯一能进入密室的只有一道需要富豪的指纹、瞳孔、语言和文字密码验证的合金门，合金门外则是由一位经验十分丰富的前国家特工全天候站岗。

有一天，富豪打算为钻石购买保险，于是邀请了一位保险经纪人和一位律师到场见证，保险经纪人在富豪的带领和律师的陪同下，见识到了这强大的保安系统，便马上与富豪签了保单。

随后经纪人先行离开，富豪便与律师一起品尝红酒。这时，律师忽然想再看一次钻石，于是两人再次进入密室，就在这时，两人发现钻石被盗了！

保险经纪人收到钻石被盗的消息后，立马找到名侦探斯隆前来破案。

斯隆带着助理托马斯松来到富豪家里，了解情况后，对所有人进行了搜身，也检查了屋内每一处角落，都没有结果。

随后，斯隆分别找有关人士录取口供："把你们从开始参观到现在的全过程说一下。"

律师："我一进密室，就立刻被那三颗钻石迷倒了。可惜才看一会儿富豪便把钻石放进小皮袋了，多一眼都不行。随后我就一直和富豪一起，没有分开过。"

特工："防盗门什么的一切正常。本人只是一直在门旁站岗，没有注意里面的情况。"

保险经纪人："我进密室时，那条狗一直对着我叫，非常凶狠，我想应该没有贼可以对抗它。保安系统如此强大，所以我接受了富豪的投保申请。"

斯隆陷入了沉思，因为三个人的口供似乎没有任何破绽。突然，斯隆看了看三人，又看了看密室，识破了这个诡计。

请问犯人是谁？

A. 律师

B. 特工

C. 保险经纪人

D. 其他

答案与解析

答案：D

解析：犯人就是富豪自己。

如此简单的诡计，斯隆很快便看穿了。

“排除所有不可能的情况，剩下的即便再不可能，那也是真相。”

如果合金门正常，加上没有进入密室，特工犯案是不可能的。

如果犯人是经纪人，无论找不找得到钻石，经纪人也是受害者，所以不可能。

富豪和律师一直在一起，加上毫无结果的搜身和搜屋，那钻石只能藏在屋外。可是富豪和律师没到过屋外，所以不可能。

余下的只有由富豪训练负责看守的爱犬。

事实上，当时富豪用来放钻石的小皮袋是用牛皮做的。

富豪为了保险金，先安排一条饥饿的狗守在钻石旁。

在参观后，富豪把钻石放进牛皮做的皮袋中，饥饿的狗自然把牛皮袋连同钻石吃掉。

同时，钻石是不可能被消化掉的，事后富豪自然可以通过“特殊手段”取出钻石。

这样，富豪既能保住钻石，又能获得一大笔保险金。

浴室里的老板

有三个强盗偷了一颗价值连城的钻石，他们在如何保管赃物上达成协议：“在钻石未兑成现款之前，钻石由三人同时保管，三人都同意方可取出钻石。”

一天，他们来到浴室洗澡，便把装钻石的盒子交给老板，并吩咐：要在三人同时在场时，方可交还盒子。

洗澡时，丙提出向老板借把浴刷，并问甲、乙是否需要，二人都表示需要。

于是丙到老板这里，向老板索取盒子，老板拒绝了。

丙向老板解释，是另外二人要他来取的，并大声对甲、乙说：“是你们要我来取的吧？”甲、乙还以为是浴刷，就随口应道：“是。”

老板听后无话可说，便把盒子交给丙。

丙带着盒子逃走了。甲、乙二人等了一会儿不见丙回来，感到事情不妙，忙到老板处取盒子，发现盒子已被丙取走了。

二人揪住老板要求赔偿。老板说是征得他们二人同意的，二人坚持说丙问的是浴刷，并且三人也没同时在场。

甲、乙非要老板交回赃物，正僵持不下，刚从洗澡间出来的托马斯松灵机一动教老板说了一句话，二人听了，只得垂头丧气地走了。

请问老板说了什么？

答案与解析

答案：老板说：“你们只有两个人，按约定我不能给你们。你们去把那个人找回来吧！”

冰块里的钻石

夏季的一天，女盗莎琳乔装改扮混进珠宝拍卖会场，盗出了两颗大钻石。

一回到家，她马上将钻石放在水里做成冰块放在了冰箱里。因为钻石是透明无色的，所以藏到冰块里，万一有警察来搜查也不易被发现。

第二天，名侦探斯隆来了。

“还是把你偷来的钻石交出来吧。珠宝拍卖现场的闭路电视已将变装后的你偷盗时的情景拍了下来，虽然警察没看破你的伪装，但你瞒不了我的眼睛，一看就知道是你。”斯隆说。

“如果你怀疑是我干的，就在我家搜好了，直到你满意为止。”莎琳若无其事地说。

“今天真热呀，来杯冰镇橙汁怎么样？”

莎琳说着从冰箱里拿出冰块，每个杯子放了4块，再倒上橙汁，递给斯隆一杯。将藏有钻石的冰块放到自己的杯子里，即使冰块化了，钻石露出来，在喝了半杯的橙汁下面也是看不出来的，斯隆怎么会想到在他眼前喝的橙汁中会藏有钻石呢，莎琳暗自盘算着。

“那么，我就不客气了。”斯隆接过杯子喝了一口，下意识地看了一眼莎琳的杯子，“对不起，能换一下杯子吗？”

“怎么！难道你还怀疑我在你杯子里投毒？”莎琳好笑地说。

“不，不是毒。我只是想尝尝放了钻石的橙汁是什么味道。”斯隆一下子从莎琳手里夺过杯子。

冰块还没融化，请问斯隆是怎么看穿莎琳的橙汁杯子里藏有钻石的？

答案与解析

答案：冰块应浮在水面，而冰块里藏有钻石肯定要沉入杯底，因其密度大于橙汁。

画家的遗产

马丁的叔父是世界著名的画家，因为没有子女，他便把马丁当作自己的亲生儿子。叔父知道自己将不久于人世，所以在去世前将一封信交给了律师，嘱咐他在自己死后将信交给马丁。

过了一个月，叔父去世了。律师把信交给了马丁，说这里是叔父给他的遗产。

可是，马丁接过信一看，里面什么都没有，只有一张以山水为背景的信纸，上面写着：“你手上的东西就是我留给你的价值连城的遗产。”然后就是叔父的签名和年月日。马丁满脑子疑问，不明白叔父的意思。

请问马丁叔父留下的价值连城的遗产在哪里？

答案与解析

答案：就是那封信。叔父是世界著名画家，那上面有他的山水画和亲笔签名。

白衣男子

“啊！我的钻石项链不见了！”一家度假山庄的客房内传来一声尖叫，一位贵妇人气愤地告诉山庄负责人她的钻石首饰被人偷了，要酒店作出赔偿。

帕萨贝尔探长接到报案后立刻赶到现场，向贵妇人询问情况。

贵妇人说：“我刚洗完澡，一打开浴室门，就从浴室的镜子里看到一个身高1.8米左右的白衣男子从我的房间跑出去。”

帕萨贝尔看看浴室的镜子，问：“您是从这面镜子看到的？”

贵妇人肯定地点了点头。

帕萨贝尔笑了笑说：“您这么费心地伪装，是为了拿到保险金吗？”

请问帕萨贝尔探长这么说的依据是什么？

答案与解析

答案：洗澡后镜子是模糊的，不可能看清人的身高与样子。

Part 4

最后线索

最后线索又被视为“死亡讯息”，一般是指死者临终前写下用于指认凶手的暗号或者密码。为了避免留下的线索被凶手直接发现，“死亡讯息”往往具有很大的迷惑性，这就需要侦探拥有清晰的头脑、良好的分析能力、强大的知识储备，好好利用这最后也是最重要的线索找出真正的凶手！

"5 4 4"

我旅行时遇到了一个好伙伴，她的名字叫王芊芊。

回家后，芊芊很久没和我联系，我有些担心她，于是便到她的出租屋去看她。这不看不知道，一看吓一跳。芊芊已经死在出租屋内，手放在一本百家姓上，边上还有一行血字"5 4 4"。我立马报警，赶来的帕萨贝尔探长锁定了三名嫌疑人：

沈洋洋：王芊芊的房东，因为王芊芊很久没交房租，所以俩人有过几次争执。

周礼礼：王芊芊现任男友的前女友，一直认为是王芊芊抢了她的男朋友。

郑晨晨：王芊芊的弟弟，和王芊芊关系一直不好。

凶手是谁？

A. 郑晨晨　　B. 沈洋洋

C. 周礼礼

答案与解析

答案：C

解析：凶手是周礼礼。百家姓的第 5、4、4 个姓分别是周、李、李。也就是周礼礼（礼谐音李）。

"Z"

某年四月，张先生在岸边垂钓，远处似乎出现两个争吵的男女，他本来也没在意，后来两个人消失了。三个小时后，张先生决定收竿回家，却看见那个男人又回来了，之后好像又走了。张先生觉得很奇怪。

当看见草地上躺着一具女尸的时候，张先生整个人都惊呆了，随后报警。

警察迅速赶到现场，进行侦查工作。

死者梅花，女性，身上伤痕累累，颈部有被扼住的痕迹，浑身上下被殴打过，尤其是头部，身上鲜血淋漓，俯卧在草地上，右手边写有一个“Z”字。经检测，那是死者的血迹。

在尸体顺时针旋转90度的地方，草呈现直立的状态，脚下及身体下的草都朝着头部方向倒去。

警察后来根据作案动机和作案时间，锁定了四位嫌疑人。而四位嫌疑人——何金、牛建平、潘立强、曾新都不承认谋杀了梅花，也不承认来过现场。

请问，凶手是谁？

A. 何金　　B. 牛建平

C. 潘立强　　D. 曾新

答案与解析

答案：B

解析：草被压后，有着向反方向生长的特性。四月时，草被尸体压了三个小时之后，便会恢复直立状态。根据力学原理，人倒地时，脚下及身体下的草都会朝着头部方向倒去，越是靠近头部，草受到的压力越大。而现场草坪的状态，也恰恰验证了这个特点，证明尸体被发现时所在的位置顺时针旋转90度才是尸体长时间倒下的地方。所以尸体是被逆时针旋转90度至现在的位置的，原先的死亡讯息N，即“牛建平”，也随着尸体的移动，自然被看作是右手在右侧写下的死亡讯息Z，即“曾新”。凶手牛建平杀害死者之后离去，三个小时后，不放心尸体，又回到现场，发现死者写下N指认自己是凶手后，忽然发觉死亡讯息的位置是根据人倒下的位置决定的，因为人们习惯性认为死者会用右手在右侧写下死亡讯息，于是他灵机一动，把尸体逆时针旋转90度，这样一移动，N就变成了Z，牛建平正好可以嫁祸给曾新。而何金“H”以及潘立强“P”，无论旋转还是不旋转，都与死者留下的字母的形状不符。

"TD"

一天，罗先生被发现死在公寓楼里，死前用手机键盘写下了 2 个英文字母"TD"，目前发现了四个嫌疑人。

请问，谁是凶手？

A. 199 号房间的杜先生

B. 204 号房间的张先生

C. 24 号房间的王先生

D. 207 号房间的李女士

答案与解析

答案：B

解析：凶手是张先生。T 在字母表中是第 20 个字母，D 是第 4 个，组合起来就是 204。可能有人会问为什么不是 20+4=24，但如果是 24 号房间，只需要写下一个 X 就够了，不用这么麻烦写 TD。

他的"岁寒三友"

警局某天接到报案，本市某小区一人被发现死于家中，警察迅速赶往了现场。警察经过现场勘查，发现死者系他杀，死于昨天下午，并且疑似熟人作案。警察通过进一步排查死者的人际关系情况，锁定了死者三位朋友，且他们都没有不在场证明。

这三人是张松、李梅和刘竹。三人都是死者生前好友，死者之前还戏称他们三人是他的"岁寒三友"。不过据调查，前些日子四人合伙做生意赔了不少钱。但是生意主要由死者掌控，而其余三人事后怀疑死者生意虽然赔钱但并没有亏损那么多，是因为死者私吞了他们的钱来弥补自己的损失。也就是说三人都有杀人动机。

另外死者死前正在读宋词，并且死时在“苏轼”上面按了血手印。警察认定为死亡讯息。

那么问题来了，根据死亡讯息，以下三人哪位嫌疑最大？

A. 李梅　　B. 张松

C. 刘竹

答案与解析

答案：C

解析：苏轼生平爱竹，并且写下过“宁可食无肉，不可居无竹”的诗作，所以结合嫌疑人名字，刘竹嫌疑最大。

一根弹簧

警方接到一起谋杀案件，案发地点是某高中的一间宿舍。死者叫小夏，是三年级一班的英语课代表，头部被钝器击伤致死。死者的手上握着圆珠笔零部件里的一根弹簧，被确认是死亡讯息。

经过调查，警方找到了三名嫌疑人：小春、小秋、小冬，三人均是小夏的同班同学，也都是小夏的室友，且均无不在场证明。

请推测，谁最有可能是凶手？

A. 小秋　　B. 小冬　　C. 小春

答案与解析

答案：C

解析：死者手上握着弹簧，且其又是英语课代表，也就暗示着凶手和弹簧的英文有关。而弹簧的英文是“spring”，和春天的英文是一样的。所以，凶手最有可能是小春。

“32”

警局接到报案，小张被杀死在家中。警察现场勘查后发现死者手心掩盖着血字“32”，被视作为死亡讯息。

警察调查得知，小张是几年前搬过来的，他的工作是在该城市的汽车客运站核对乘客身份信息，而且发现以下四人跟他有摩擦。

李特：男，浙江省人，38 岁，公司副总经理；

陈瑞：女，江苏省人，30 岁，公司秘书；

马莎：女，安徽省人，35 岁，公司人事部部长；

哈吉：男，山东省人，37 岁，公司总经理。

请问这四位哪位最有可能是凶手？

A. 哈吉　　B. 陈瑞

C. 李特　　D. 马莎

答案与解析

答案：B

解析：因为死者的工作是核对身份信息，容易想到身份证号码。身份证号码前两位表示省份（或自治区、直辖市），32 代表江苏省，33 代表浙江省，34 代表安徽省，36 代表江西省，37 代表山东省。死者手心掩盖着的血字“32”跟年龄没关系，跟性别、职业也没有关系，所以凶手最有可能是陈瑞。

“1+5=”

菠萝是一位日漫爱好者。有一天，他被发现死在家中客厅的沙发旁，死因是腹部被锐器捅伤，其身旁有一张中间带有一大块血斑的卫生纸，卫生纸下方有一行用血写成的算式：1+5=，这被确认为死者留下的死亡讯息。

经过一番调查后，警方找到了三名嫌疑人，他们分别是：

香蕉：死者的同事，工号是006，曾因为工作上的事情与死者争执不休。

芒果：出租车司机，车牌号66666，曾接过死者回家，因为不熟悉死者回家的路线遭死者破口大骂。

草莓：死者的女朋友，相识6年多，因死者生前对其家暴而心生怨恨。

请推测，谁的嫌疑最大？

A. 香蕉　　　　B. 草莓　　　　C. 芒果

答案与解析

答案：B

解析：中间带血斑的卫生纸，很像日本国的国旗，也就暗示着下方的算式和日语有关。"1"的日语是"いち"，"5"的日语是"ご"，而"1"+"5"也就是"いち"+"ご"="いちご"，就是日语"草莓"的意思。所以，草莓最有可能是杀害菠萝的凶手。

"黄头发"

小美被发现死在学校宿舍里，死亡原因是被人用刀捅死。在小美的旁边，有用血写下的"黄头发"三个字。警方经过调查，发现这是小美的血，应该是小美临死前写下的凶手的名字，并且推算小美的死亡时间是在晚上。警方马上锁定了四个嫌疑人，他们都是黄头发。

（1）小美的室友小丽。小丽与其男朋友因为小美而分手，她对小美耿耿于怀。

（2）案发前一天新入职的女清洁工。女清洁工称她与学校的每一个人都素不相识。

（3）小美的同班同学良子。小美与良子的学习成绩一直都是班里的第一和第二，因为小美成绩总是比良子好，良子非常嫉妒小美。

（4）小美的姑妈露露，一直都是无业，与小美很熟。案发当天早上，她还去宿舍看望小美，后来她中午离开后小美没有从宿舍里出来。不过露露离开宿舍后马上去了外地，第二天中午才回来。

警察摸清了四人与小美的关系后，马上准确指出了罪犯。

请问，罪犯是谁？

A. 女清洁工　　B. 良子

C. 小丽　　D. 露露

答案与解析

答案：A

解析：露露上午看望的小美，中午离开而且再也没来过，小美是晚上被人用刀捅死的，不可能是露露干的。小美留下的信息是黄头发，仔细想一想，当我们遇到一个从来都不认识的人时，才会寻找并记住那个人明显的特征。如果杀死小美的人是熟人，小美肯定会留下她们的姓名或身份的信息。然而，女清洁工称与学校每个人都素不相识，说明小美不认识她，那么小美留下的讯息肯定是要表明凶手明显的特征。所以，女清洁工是凶手。

4点整

小张被发现死在家中，死因是被利器刺伤后失血过多。死者怀里抱着一个闹钟，时间停在4点整。

警方经过检查闹钟发现，旋钮上有死者带血的指纹，死者断气之前很可能调过闹钟，所以这很可能是故意留下的死亡讯息。

那么凶手最有可能是以下哪个嫌疑人呢？

A. 某水果店的员工小陈

B. 邻居老王

C. 某公司的老板张某

D. 公交车司机老赵

答案与解析

答案：C

解析：死者将闹钟抱在怀里，闹钟时间显示4点整，谐音“抱四”，很容易想到常见单词——boss，也就是老板的意思，所以凶手最有可能是某公司的老板张某。

音乐家的神秘留言

某音乐家在家中被杀害。警方在勘察现场后发现如图所示的神秘字样，并认定这是音乐家留下的死亡讯息。

现在有若干嫌疑人，请你找出真凶。

A. 周魔力　　B. 王单向

C. 刘共和

答案与解析

答案：C

解析：图示字样即“1R”，也即美国著名乐队“OneRepublic”的简称。而“OneRepublic”的中文名译作共和时代（或一体共和），故凶手就是刘共和。

冥王星

某天警局接到报案，一位天文学家被发现死于家中。警方迅速赶到现场。死者前不久刚刚参加完国际天文学联合会第26届大会回国，警方经过现场勘查发现，死者系他杀，并且疑似熟人作案。警方迅速排查了死者的人际关系，找到以下几位嫌疑人，且他们都没有不在场证明。

（1）死者哥哥A：某球队教练，前不久球队刚被降级，收入减少，向死者借钱被拒。

（2）死者女友B：某杂志特约撰稿人，据说移情别恋杂志社主编，欲与死者分手被拒。

（3）另外一位天文学家C：据说死者剽窃他的学术成果，多次找死者协商未果。

（4）死者朋友D：广告从业人员，经常替不良商家做广告，打法律擦边球，经常被死者批评。

另外，天文学家死前正在看天文学的相关资料，并且手指在冥王星上按下了血手印，警方认定为死亡讯息。

那么请问：根据死亡讯息，这四位嫌疑人中谁的嫌疑最大？

A. 哥哥A

B. 女友B

C. 天文学家C

D. 朋友D

答案与解析

答案：A

解析：死亡讯息是冥王星，那么冥王星有什么特点呢？众所周知，科学家原来认为太阳系有九大行星，包括冥王星。但是后来冥王星由于不符合新的行星定义，被降级为矮行星。而且题目开头就指出，死者前不久刚刚参加完国际天文学联合会第26届大会回国，冥王星就是在这次大会上被降级的。

A的球队也是前不久刚被降级，所以死者临死前很容易把他和冥王星联系起来，留下死亡讯息。而且找不到其他三个人与死亡讯息的关联，所以死者哥哥A嫌疑最大。

"Rs"

阿野是一名资深的钱币收藏爱好者。近日，他被发现死于家中，保险柜里的昂贵古玩也不翼而飞。在案发现场，死者留下了"Rs"这样的死亡讯息。嫌疑人被锁定为当天在死者家中做客的四个人，他们分别是：

（1）来自德国的Rick

（2）在自中国的苏楠

（3）来自印度的Gaurav

（4）来自美国的Sam

四人当中谁是凶手？

A. Sam

B. 苏楠

C. Gaurav

D. Rick

答案与解析

答案：C

解析：凶手是来自印度的Gaurav。死者是资深的钱币收藏爱好者，对各国钱币符号有相当的了解，而"Rs"这样看起来毫无头绪的两个字母正是印度卢比的国际符号，所以谁是凶手就显而易见了。

“50”

甲先生被发现死于家中，由于他没时间写字，只能在旁边地上的数字表中的“50”处按下了一个鲜红的指印。警方判定为死亡讯息。下面有四个嫌疑人：

嫌疑人 A 的职业是武士。

嫌疑人 B 的职业是忍者。

嫌疑人 C 的职业是程序员。

嫌疑人 D 的职业是设计师。

谁最有可能是凶手？

A. 嫌疑人 A　　B. 嫌疑人 B

C. 嫌疑人 C　　D. 嫌疑人 D

答案与解析

答案：A

解析：“50”谐音为“武士”，所以职业为武士的嫌疑人 A 最有可能是凶手。

“WOW”

元旦早晨，乙先生被杀死在家中，手中握有纸条，纸条上内容为“wow”。经调查，有以下四名嫌疑人。

死者母亲为超市员工。

死者父亲为保安。

死者二舅为公司秘书。

死者大伯为公司老板。

那么，谁最有可能是凶手？

A. 死者大伯　　B. 死者父亲

C. 死者二舅　　D. 死者母亲

答案与解析

答案：D

解析：纸条上的“wow”翻转就是“MOM”，也就是死者母亲。

33IQ杀人事件

丙先生是中文智力题库网站33IQ的一名网友，亦是一名中学历史老师，某天被人发现死于家中。经过警方调查，嫌疑人有以下几位，皆是33IQ网友。

嫌疑人A：死者同事，语文老师，女文青一枚。

嫌疑人B：死者学生，天天幻想自己就是拯救世界的超级英雄。

嫌疑人C：死者朋友，年纪轻轻便秃顶，还抱怨发型是理发师给剪的。

嫌疑人D：死者同学，亦是死者情敌，平日沉默寡言，实则内心阴暗。

另外，现场死者旁边有一个历代皇帝列表，并且死者用沾血的手指在王莽、朱元璋和李元昊三个皇帝名字上画了圈。警方认定为死亡讯息。那么请问根据死亡讯息，以上四位哪位嫌疑最大？

A. 嫌疑人A

B. 嫌疑人B

C. 嫌疑人C

D. 嫌疑人D

答案与解析

答案：C

解析：死亡讯息是王莽、李元昊和朱元璋三个皇帝。我们来找一下共同点：

新朝开国皇帝王莽：他有一大缺陷便是秃头。据记载：王莽为遮秃头戴介帻，群臣跟风仿效者众。

西夏王朝开国皇帝李元昊：他曾颁发“剃发令”，凡党项男子三日内一律剃光头顶，只留边缘一圈结成短辫，否则格杀勿论。

明朝开国皇帝朱元璋：他当过和尚，和尚的标志之一就是光头。

所以综合以上，嫌疑最大的便是嫌疑人C了。

“XH”“EOL”

警察小王正在调查一起案件。他来到了当地一居民楼，楼高八层，每层有5户人家，出事的房间是802号房。

死者是26岁的小明和48岁的老刘，两人为父子关系。小明死在他自己的卧室，身体平躺，盖着被子，右手臂露在外面，而且右手食指上有血渍，死因是左太阳穴中枪。在小明的枕头右边发现了两个用血写的字母“XH”。老刘死在客厅，面向地面，头向小明的卧室，脚向客厅的沙发，右手前伸，左手捂着胸口，双手均有血渍，死因为心脏中枪，但短时间不足以致命，最后是流血过多死亡。斯隆还在老刘右手食指旁发现了字母“EOL”。

根据小王排查，找到三名嫌疑人，分别是：

小李，47岁，无业游民，住在这幢楼的703；

小红，23岁，无业游民，住在这幢楼的805；

小刚，28岁，某KTV服务员，住在对面楼的704。

由于经常见面，所以每个人对对方的房间号都很熟悉。

请问，谁是凶手？

A. 小红　　B. 小李

C. 小刚

答案与解析

答案：B

解析：将“EOL”上下颠倒，形似“703”，也就是小李的房间。老刘被枪击中心脏，流血过多死亡，没有一击毙命，所以在短时间内能留下讯息。而讯息“XH”是凶手留下的，因为小明在熟睡，凶手开枪射中太阳穴当场毙命，是不可能留下死亡讯息的。

大学老师的地图册

某市发生了一起凶案，某下半身瘫痪的大学老师被杀死在自家书房里，死因是全身多处中刀导致的失血过多。死者所坐的轮椅翻倒在地上，身下压着一本翻开到了陕西地图那页的中国地图册，死者的手指点在西安的位置上，疑似为死者留下的死亡讯息。

经调查，在死亡时间前后进出过死者家的有：

老苏，死者的邻居，货车司机，因为装修噪声的问题和死者有纠纷；

比利，死者的学生，由于怀疑死者故意卡他的毕业论文而怀恨在心；

仙仙，死者的女儿，体校学生，最近因为死者要拆散她和男朋友而和死者闹得很僵；

牙叔，死者的同事，因为死者欠了他的钱一直没还，所以经常到死者家里闹。

如果死者的确是想要用那条死亡讯息传递凶手的身份，那么上述嫌疑人中谁的嫌疑最大？

A. 邻居老苏

B. 女儿仙仙

C. 同事牙叔

D. 学生比利

答案与解析

答案：B

解析：西安的拼音为 xi'an，指向了死者女儿名字的“仙”的拼音 xian。而西安的简称“镐”、古称“长安”“镐京”都和选项中人物的信息没有关系。

“kuma”

一个日文老师死在了家中，临死前写下了“kuma”暗示凶手的名字。现有三个嫌疑人：

多纳，死者的学生；

熊熊，和死者是不熟的邻居；

茶叶，死者的妻子。

请问凶手是谁?

A. 熊熊

B. 自杀

C. 多纳

D. 茶叶

答案与解析

答案：A

解析：在日文中，kuma 是熊的罗马音。死者是日文老师，更可能会用这种简单的方式指出凶手。如果妻子或学生是凶手，很大可能会知道 kuma 的意思。可是不熟的邻居不知道他是日文老师，也不知道 kuma 的意思。用中文可能会被凶手销毁，用日文更加保险。

“u, a, p”

小李看到朋友小张倒在血泊当中已经没有了呼吸，于是慌张地报警后离开。

警方接到报警立刻来到现场展开调查，不久之后，报警的小李也被带到现场。小李紧张地说，他来这儿是为了还一笔巨债，来的时候门是开着的，打开门就看到了这番惨剧，由于害怕被怀疑才报警后急忙走开。

当被问到死者有什么仇人时，小李说小张的同事在上班时玩游戏被小张发现并受到威胁；小张的楼下是名生物学教授，对小张晚上发出噪音很不满；小张的前女友前几天来要求复合却被无情拒绝。

除此之外，案发现场还散落了一地小纸片，警方在这些纸片中只找到了手写的三个字母：u，a，p。这很可能是死亡讯息。

正当警方对这个事件感到一筹莫展的时候，站在一旁的侦探斯隆却早已看穿了一切。

那么凶手到底是谁？

A. 小李

B. 小张同事

C. 生物学教授

D. 小张前女友

答案与解析

答案：C

解析：字母写在纸片上，倒过来可能就是另一个字母。比如：p 可能是 d，u 可能是 n，那么重新排列一下，那三个字母就是 dna（DNA）。DNA 是生物的主要遗传物质，正是生物学教授的研究内容。

“210183654”

某化学家被发现死于家中，经警方现场勘察，系他杀，且死者手边留下一串数字：210183654。警察认定为死亡讯息。

经进一步调查，此化学家卷入一场大型毒品案中，警方怀疑化学家被杀人灭口。嫌疑人有以下几位：

贩毒组织头目张强；

毒品原料采购负责人吴东；

毒品生产加工负责人李明；

毒品销售负责人王刚。

那么问题来了，根据死亡讯息，谁最有可能是凶手？

A. 李明　　B. 王刚

C. 吴东　　D. 张强

答案与解析

答案：C

解析：化学家留下的这串数字是5个惰性气体的原子序数。天然存在的惰性气体有6个：氦、氖、氩、氪、氙、氡。其中前5个的原子序数为2、10、18、36、54，即化学家留下的这串数字代表了氦、氖、氩、氪、氙这5个惰性气体，唯独缺了氡，即无氡，谐音同吴东。

“68L95”

男子刘某在家中被害，警察勘察现场时，发现地板上写着这样一行字（详细见图），而且此暗号并没有被破坏过的迹象。后来查到了四个嫌疑人：

刘某的妻子王莉，因为刘某一个月前曾办过保险，受益人就是她，所以有杀人骗保的嫌疑。

刘某的弟弟刘平，二人最近因为父母遗产问题经常打架，有杀人动机。

刘某的一个朋友蔡顺峰，曾经向刘某借钱去赌却赔了精光，刘某生前催债催得很紧。

刘某生前曾经撞死过人，但他主动承担了责任，可被撞的人最后没抢救过来。那人的家人记恨刘某，也有可能杀他。

那么，请推理凶手是谁？

A. 王莉

B. 刘平

C. 蔡顺峰

D. 被撞死的人的家人

答案与解析

答案：C

解析：死者因为害怕暗号被凶手看到而破坏，故意把数字倒着写的，反过来读会发现这些数字是有顺序的，即“同花顺”。死者是想告诉警察，凶手是跟赌有关的人，而且蔡顺峰名字里有顺字，所以蔡顺峰才是凶手。

严谨的语文老师

帕萨贝尔探长接到报案，马塔被杀死在家中。他发现死者手握紧并压住血字“口”,（见左图，忽略颜色），手里握着一张撕下来的纸条，上面只有“x”（见右图），这些都视为死亡讯息。经调查，死者曾经是严谨认真的小学语文老师，而且警察找到了四名嫌疑人。

Jack：国放小区保安员

Linda：吕文公司保安员

Kitty：口放药店职员

Kate：刘口眼镜店店员

那么谁最有可能是凶手？

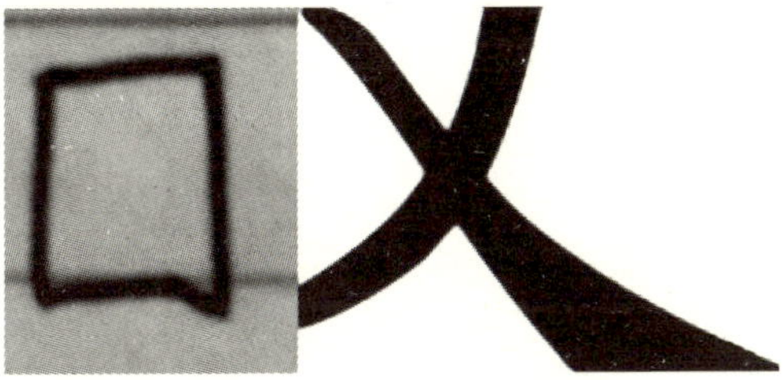

A.Linda　　B.Jack

C.Kate　　D.Kitty

答案与解析

答案：B

解析：我们发现图片中口字的右边的竖有钩，说明口字里有其他笔画，类似于“困”这类字等（如果没钩，就类似于“口”或“吕”这类口里没有其他笔画这类字，因为是严谨认真的小学老师，所以注重这一点），而x看起来像文字下半部分或者是像放一样具有反文旁的下半部分。因为上述四名嫌疑人的信息中只有国字是口字里面有笔画的，而放字的一部分是x。因此凶手是Jack（国放小区保安员）。

元素表中的“Sb”

某化学家被查出死于家中，由于实在没有时间去写字，他只好在化学元素周期表中的“Sb”上留下手印，警方判定为死亡讯息。下面有四位嫌疑人：

嫌疑人 A，一位程序员，每天都是“996”的工作制度。

嫌疑人 B，喜欢喝茶，每天都会喝茶。

嫌疑人 C，非常黑，目前还在变黑。

嫌疑人 D，一位设计师，每天都画无数的设计稿，他有一个房间专门都是设计稿，少说也有一万张了。

凶手是谁？

A. 嫌疑人 A

B. 嫌疑人 B

C. 嫌疑人 C

D. 嫌疑人 D

答案与解析

答案：B

解析：化学元素周期表中 Sb 是锑，锑谐音 tea，也就是茶的意思，所以只有爱喝茶的嫌疑人 B 最有可能是凶手。其他三位没有依据。

丹田穴

一位老中医某天被人发现惨死家中。据警方调查，系他杀。另外警方进一步调查发现，这个老中医口碑并不好，仇家很多。警方在其仇家中找到以下几位嫌疑人，他们都没有不在场证明：

嫌疑人 A：之前其妻子曾在老中医这里看病，病情很重，老中医却坚称自己能治好不用去医院，结果耽误了病情，不幸过世。

嫌疑人 B：七海中药堂老板，平时老中医在其药店坐诊，看病同时让病人在其药店买药，据悉两人因分成不均有争执。

嫌疑人 C：医大总院肿瘤科医生，平时肿瘤患者做完手术或者不适合做手术的，嫌疑人 C 都会推荐到老中医这里来吃中药，然后老中医给其回扣，两人也因为利益问题矛盾重重。

嫌疑人 D：七海中药堂隔壁维康中药堂坐诊的中医，据称两人为竞争关系，经常互相抢病人，老中医死了，其是受益者。

另外老中医死时，手指按在了丹田穴处，警方认定为死亡讯息。

那么请问：根据死亡讯息，以上哪位嫌疑最大？

A. 嫌疑人 A

B. 嫌疑人 B

C. 嫌疑人 C

D. 嫌疑人 D

答案与解析

答案：B

解析：死亡讯息是丹田穴，丹田穴又称气海穴，气海谐音七海，所以七海中药堂老板 B 嫌疑最大。其余选项没有依据。

"Karter"

英国人 Bill 和朋友 Carter 去东欧旅游，旅途中遇到了美国人 Chris，德国人 Mario 和西班牙人 Karen，几个人住进了同一家酒店。结果第二天一早 Bill 被发现死于房中。经过警方调查，有嫌疑的就是上述其余四人。警察在尸体旁还发现了用血写的 Karter，似乎是死亡讯息。那么问题来了，谁最可能是凶手？

A. Bill 自杀

B. 美国人 Chris

C. 英国朋友 Carter

D. 西班牙人 Karen

E. 德国人 Mario

答案与解析

答案：E

解析：德国人Mario想陷害死者朋友Carter，故意留下的死亡讯息误导警方。由于几人是途中遇到，之前并不熟识，所以Mario并不清楚Carter名字的具体拼写只听到了发音，而英语和德语同源，英语里的C如果发k音的话（和汉语拼音的k发音相同），德语里一般是写作K。德国人留死亡讯息时由于母语习惯暴露了。如果Carter是凶手，死者留下死亡讯息不会把朋友名字写错，即使怕被凶手猜出来特意写错，那也不会只改个首字母，那样和直接写Carter没区别，凶手一下还是能看出来。

茶叶、墨水、地图

一天，知识城一家公司的人事总监被杀死在自己的办公室里。

经调查发现了三个嫌疑人，蒂姆、托马斯、马克。他们都是公司的职员，且与人事总监有过争执。

名侦探斯隆来到现场，发现办公室里很整齐，这说明凶手与死者是认识的，甚至还可能是熟人。死者桌子的中间放着三样东西，依次是茶叶、墨水、地图。上面有死者的血迹与指纹，是死者留下的死亡讯息。

斯隆思考了一下后便说："我知道凶手是谁了！"

请问凶手是谁?

A. 蒂姆　　B. 托马斯　　C. 马克

答案与解析

答案：A

解析：桌面上放着这三样东西：茶叶、墨水、地图，应该就是破案的关键。而名字里有符合这三样的只有蒂姆。

T-TEA 茶叶；

I-INK 墨水；

M-MAP 地图。

未完成的字

今天对于剑神来说是个悲伤的日子，因为他的好友尤翔被发现死在了自家的后花园里。尸体静静地躺在树下，紧贴着泥土，他是背后被人捅了一刀，挣扎了一会儿才离开人世的。由于在泥地上，血迹并不是很清晰。奇怪的是，死者似乎在写什么东西。

剑神发誓，一定要找出凶手。

嫌疑人已经全部聚集在死者房子里了。四个人剑神都认识，分别是快递员张茜，死者弟弟尤光，绰号“九爷”的古董商人以及企业高管李浩。

这四个人都与死者有着各种过节，动机都很充分，事发时也不具备不在场证明。

“看起来死者应该是想写下那个字，只是没来得及写完就咽气了。”警察点了点头，“那么凶手就是死者的弟弟了。”

剑神听了警察的推理，似乎没什么漏洞，但他不相信死者的弟弟会杀害尤翔。

忽然，他灵光一闪："警察先生，您可能中了凶手的圈套了。"

请问真凶是谁？

A. 死者弟弟尤光　　B. 快递员张茜

C. 古董商九爷　　D. 高管李浩

答案与解析

答案：C

解析：警察看到死者的手指落在"丿"末尾，误以为死者是先写横再写撇的，自然而然便落入凶手的圈套。仔细观察现场，不难发现横盖住了撇，也就是说死者是先写撇后写横，因此死者真正想写的字是九而不是尤。凶手移动了死者手指的位置，才糊弄了警察。

"今天"

小虹、小阳、小兰、小丹是四个玩得要好的小伙伴。

一天，警方接到报案称小丹遇害了，最后嫌疑人确认是小虹、小阳、小兰。

在小丹的尸体旁边有被害人留下的两个字"今天"，斯隆想起今天是妇女节，可这跟杀人凶手有什么关系吗？

请问杀人凶手是谁？

A. 凶手是小阳　　B. 凶手是小虹　　C. 凶手是小兰

答案与解析

答案：C

解析：凶手是小兰。为什么会是小兰呢？今天是妇女节，妇女节习惯叫三八妇女节，小兰的"兰"字分开后便是一个三字和倒八字，这样凶手也就很明确了。

面点师的擀面杖

一天，警察接到了一起奇怪的案子。

死者是一名面点师，被人用利器捅死在家中。由于凶手行凶时戴了手套，现场并没有留下任何能指证凶手的证据。

经过鲁米诺测试，现场发现死者死前曾从客厅爬行到厨房抓住了一根擀面用的擀面杖。

经过排查，警察将嫌疑锁定在了几个人身上，他们分别是死者的妻子张秀秀，死者的弟弟林昆，还有死者的好朋友季钧。

警察看了看嫌疑人的资料之后便说："没错，就是他！凶手的名字已经拼凑完毕了。"

请问谁是凶手？

A. 张秀秀　　　B. 林昆　　　C. 季钧

答案与解析

答案：B

解析：凶手是死者的弟弟——林昆，死者抓着一根擀面杖，也就是一根木棍。而木棍拆开看就是"木木昆"，也就是林昆的名字。

麻将桌上的命案

一天，甲、乙、丙、丁四个人晚上一起去甲家打麻将，麻将打到凌晨1点，甲觉得肚子饿了，提议出去吃夜宵。于是甲、乙和丙一起出去吃夜宵，而丁说他不饿，一个人待在屋内。

甲、乙和丙来到了著名的夜排档八一路上。甲点了一份口味清甜的糕点，乙是北方人点了一碗饺子，丙是四川人爱吃辣于是买了三份辣鸡翅。他们三个人并没有一起吃饭，而是各吃各的。

当他们回去的时候，悲剧发生了。他们发现丁死在了麻将桌上，手里紧握了 2 张麻将牌。验尸结果是被钝器所伤，警察经过盘查将目标锁定在甲、乙和丙三个人身上。

打麻将是甲邀请的，并且甲一直嫉妒丁。

乙欠了丁一大笔钱没有归还。

丙据说和丁有非常特殊的关系，但最近被传出感情不和。

请问谁是凶手？

A. 甲　　B. 乙　　C. 丙

答案与解析

答案：C

解析：麻将四万和三万组合在一起就是四川，丙是四川人。

“111000”

一名电脑程序员被发现死于家中，且在他身边有一行血字：111000。经辨认，字迹为被害者亲手写的，并不是凶手混淆视听。经调查，斯隆发现当时可以作案的只有以下四人：

布莱德利，美国人，就职于 IT 行业，是几家公司争夺的人才，曾与该程序员有瓜葛，不过后来重归于好。

王齐跋，中国人，是程序员的邻居，高中数学教师，两人关系不错，但听说程序员欠了他一笔不菲的债。

石田五十六，日本人，是程序员去日本旅游时结交的好朋友，两人关系一直不错，但最近因为某些事闹翻了，关系紧张。

珍妮，英国人，演员，是程序员的女友，就要结婚，得此噩耗时表情痛苦不已，几度昏死过去。

根据现有信息，请问凶手最有可能是谁？

A. 布莱德利　　B. 王齐跋　　C. 石田五十六　　D. 珍妮

答案与解析

答案：C

解析：计算机在进行计算时通常把十进制的数据转化为二进制，作为程序员的被害者，最常打交道的进制就是二进制，若把111000当作二进制，转化为十进制就是56，因此凶手就是石田五十六。选B的读者如果是考虑到“齐跋”二字谐音“78”，而 $7\times8=56$ 的话，那就想太多了，临死前的人是想不了太多的。所以，只根据死亡讯息与现有的信息来看，凶手最有可能就是石田五十六。

“土拨鼠杀死了凤凰”

一名叫菲内克斯的女子被人杀害了。

帕萨贝尔探长在命案现场发现了一张字条：“土拨鼠杀死了凤凰。”由于现场没有任何凶手或死者遗留下来的物品，所以这张字条就成为死者的死亡讯息。

另外，帕萨贝尔还找到了七名嫌疑人：玛曼特、泰格、恩特勒克、贝尔、斯柏德、达克和伊戈尔。

帕萨贝尔探长思考片刻，果断地说：“我知道凶手是谁了！”

这七个人当中，谁是凶手？

A. 泰格　　B. 伊戈尔　　C. 玛曼特　　D. 斯柏德

E. 恩特勒克　　F. 贝尔　　G. 达克

答案与解析

答案：C

解析：菲内克斯是“凤凰”的英语发音。

这七个人中，每个人的名字的英语发音分别是玛曼特（土拨鼠）、泰格（老虎）、恩特勒克（羚羊）、贝尔（熊）、斯柏德（蜘蛛）、达克（鸭子）、伊戈尔（老鹰）。

所以，死者所要表达的讯息是“玛曼特杀死了菲内克斯。”由此可以得出，凶手就是玛曼特。

“7、8、9、10、11”

马克在旅店被杀了，帕萨贝尔探长来勘查现场，发现死者在临死之前写下了一串阿拉伯数字：7、8、9、10、11。于是，帕萨贝尔探长认为这必定是死者留下的凶手的线索。

当时旅店只有四个人：Jason、Bruce、Max 和 Emily。

他们四人都矢口否认，都说自己当时在睡觉，而且四人都说马克是自己的同学，他们五人也都是同学，相互之间都比较了解。由于这四个人是游客，且马上就要起身去赶火车，再找不出凶手的话就得放他们离开。

凶案现场非常干净，行凶者手段高明，一时半会儿很难发现蛛丝马迹，唯一的线索可能就是 7、8、9、10、11 这五个数字了，马克写好这五个数字后用自己的帽子盖住了，可能就是因为这样才没被凶手发现，从而成为指认凶手的唯一线索。

请问这个杀人凶手是谁？

A. Jason　　B. Bruce

C. Max　　D. Emily

答案与解析

答案：A

解析：杀人凶手是Jason。这五个数字其实代表月份，英语里面7月到11月对应的英文分别是July、August、September、October、November，大家观察这五个单词的首字母，连起来就是“JASON”。

“大号手电筒”

警察小王所住小区的物业水电工李师傅被人发现死在家中。

小王迅速赶到现场，发现李师傅倒在地上，身中数刀，右手伸向旁边桌子，紧紧抓住一个大号的手电筒。

经过排查，警方找到了三个嫌疑人，分别是儿子李强、邻居张掩、同事刘文。

小王沉思片刻，说道：从李师傅留给我们的信息看，凶手就是——

A. 李强　　B. 张掩　　C. 刘文

答案与解析

答案：B

解析：大手电，即汉字“掩”。

“121964”

智慧镇警局有个奇怪的设定。假设有犯人想要越狱，那么成功走到最后时会发现一扇门。这最后一扇门上有两个按钮，上头写着“121964”，一旦按错，警铃就会响，犯人有且只有一次出逃机会。请问越狱的犯人该按哪个按钮？

A. 浅色按钮　　　　B. 深色按钮

C. 选择其他办法　　　　D. 直接等死

答案与解析

答案：B

解析：其实仔细一看的话，图中的“121964”并不是一个数字而是英文单词 Right，Right 是右边，所以犯人按深色按钮才能逃脱。

“OHC”

一人被发现死在家中，身边还留下 O H C 三个英文字母。警察经过调查监控录像发现，于修、王默、吴凡、李毅来拜访过死者。

请问死者是被谁杀害的？

A. 于修　　　　B. 王默

C. 吴凡　　　　D. 李毅

答案与解析

答案：C

解析：因为将 O H C 顺时针旋转 90 度就是一个“吴”字。

“pw”

老刘被发现死在自己的卧室里，他坐在椅子上，双手被反绑在身后，椅背上用血写了“pw”的字样。警察经过调查找到了三名嫌疑人——

妻子梅丹，有外遇；

儿子刘品文，因赌博欠高利贷，向父亲索要钱财但遭到拒绝；

表弟彭旺，妻子的外遇对象。

请问谁是凶手？

A. 妻子梅丹　　　　B. 儿子刘品文

C. 表弟彭旺

答案与解析

答案：A

解析：死者背对着凶手，写下的死亡讯息应该倒着看，pw 应该是 md，也就是梅丹。

神秘的信函

“在杀我之前，可以让我写最后一封信吗？帮我转交给最爱的人！也不枉朋友一场。”

> 我们在一起**6**年了，只想对你说：
>
> I Love **U**，忘了我吧！我将离开
>
> 这个颠倒黑白的世界
>
> 2014.11.24
>
> 古朴绝笔

翌日，古夫人收到了一封信，看完后赶紧报警，并告知警察最近爱人古朴组织了刘先生、王先生、张先生和尤先生，共同商议推翻Z集团的计划。

如今，收到这样一封信，他一定是被害的。

“我们刚刚过完7周年的结婚纪念日，他肯定不会忘记，可是他为什么要写6年呢？”

警察认真看了看，说：“我想我大概可以猜到是谁背叛了你的丈夫！”

A. 刘先生　　B. 王先生

C. 张先生　　D. 尤先生

答案与解析

答案：B

解析：信的内容很简单，可以看出有些地方字体要粗一些。这明显是为了强调，乍一看是强调时间，强调爱的对象，强调语气，强调……但古夫人说时间是7年，并非6年，那么古朴强调的一定不是这些。

粗的部分是：6U! 丬。

古朴最后说这个颠倒黑白的世界，这句话的价值在哪里呢？

将粗的部分颠倒来看，得到“king”，即英文单词“王”，暗示为王先生背叛了组织，将自己杀害。

“p!ew”

一个化妆师被杀害了，名侦探斯隆闻讯赶来。

现场门窗没有损坏的痕迹，也没有化妆师挣扎的痕迹，斯隆推测是熟人所为。最后，化妆师用口红在手上写下“p!ew”的字样。

斯隆看过后立刻便明白了凶手是谁。

请问谁是凶手？

A. 化妆室扫地的大爷

B. 送咖啡的女佣

C. 化妆师的妹妹

D. 化妆师的好朋友皮耶罗

答案与解析

答案：B

解析：为了避免凶手发现线索，化妆师故意把线索倒过来写，P!ew反过来看就是maid，也就是女佣人。

Part 5

密文破解

密文是加了密的文字，很多犯罪分子为了通信安全，会对内容进行加密。这就需要侦探对于常见的密码加密方式有所了解，并进行合理的运用。由于加密手段多种多样，所以密文破解不仅需要广泛的知识储备，还需要发散灵活的思维，这些素质及要求对于一名侦探来说非常关键。

有故事的墙角

下图是某仓库一个墙角的照片，墙上写着“d73H”的字样，请问根据该线索推测这里曾经发生过什么？

A. 33IQ 的审核员在这里审题

B. 有人被绑架在这里

C. 这里放置过电子产品

D. 有人曾在这里吃饭

答案与解析

答案：B

解析：将图片倒置，可以发现暗号是“HELP”意为求救。可以想象人质有可能是双手被绑在身后，才在身后写下倒置的求救信号。

“N2X3G4D5”

一天下午，A发现邻居被人杀死在家中。

邻居家家具很少，看起来空旷旷的。离去时，凶手还挑衅似的留下了信息。凶手在靠门左边的那堵白墙上用红笔写下：N2X3G4D5。

请问凶手的名字是什么？

A. Anne　　B. Frank

C. Lucy　　D. Cindy

答案与解析

答案：C

解析：按字母表顺序，将各字母按后面数字移动。因为是在左边的墙上写的，则是告诉我们要左移，移位后即可得到Lucy这个名字。

最后一节语文课

我们最亲爱的语文老师余婷要在明天去某中学交流，之后不再教我们语文课了。

下午，余老师在最后一节语文课上要求同学们默写《醉翁亭记》第一段。

我想了想，把《醉翁亭记》默写下来：环滁皆山也，其西南诸峰，林壑尤美，望之蔚然而深秀者，琅琊也。山行六七里，渐闻水声潺潺而泻出两峰之间者，酿泉也。峰回路转，有亭翼然临于泉上者，醉翁亭也。作者谁？山之僧智仙也。

名之者谁？太守自谓也。太守与客来饮于此，饮少辄醉，而年又最高，故自号曰醉翁也。醉翁之意不酒，在乎山水之也。山水之乐，得之心而寓之酒也。

问：我想表达什么？

答案与解析

答案：余婷再见

解析：老师把默写内容与课文原文进行对比后，会发现默写内容少了几个字，依次为“于”“亭”“在”“间”。谐音为“余婷再见”。

失忆男孩的记忆线索

一个男孩失忆了，他想不起自己的重要账户的密码。但是，他从自己的笔记本中找到了线索，即密码由英文组成。后来，他又找到了一页纸，上面写道：“重要账户密码：EBCDF CFAED ADFBE BCDFA DAECB FEBAC。”

问：密码是什么？

A. ABCEFD　　B. EFGBAD

C. EBCDF　　D. BACDFE

E. ABCEDF

答案与解析

答案：A

解析：先单看六个字母组合之一，都有五个不重复的字母组成。接着分析这些组合，可以发现这一串字母只由 A、B、C、D、E、F 这六个字母构成。这就意味着每一个字母组合都缺少一个字母，而将缺少的字母按顺序组合起来，就是答案 ABCEFD。

隐藏的通关密码

在黑色图片中隐藏了一段文字，其中包含通过这一关的密码。请解密并说出密码是什么。

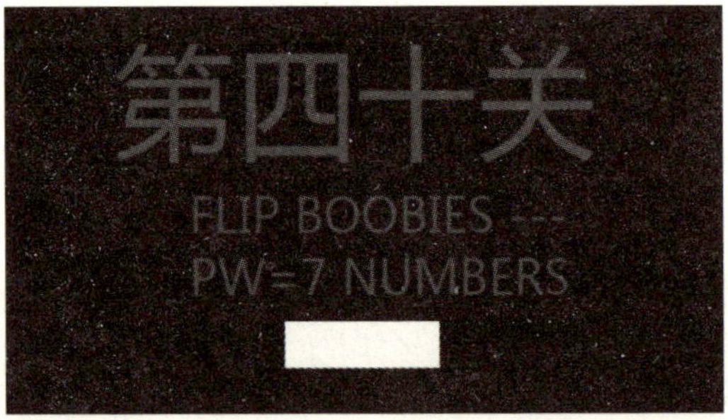

A. 2318008　　B. 2010808

C. 2310888　　D. 8010888

E. 2310800

答案与解析

答案：A

解析：提示是 Flip BOOBIES，就是翻转 BOOBIES，可以看出：

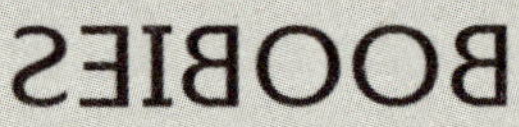

形似 2318008。

“9.24.14.1.1.9.26”

小明在某外资企业遇到了学长，便问学长：“我要如何才能进入这个企业呢？”学长笑而不语并给了他一串提示：“9.24.14.1.1.9.26”。学长顺便说了一句：

“顺序并不是永久的。”小明想了想，点了点头。

请问小明啥时候才能进入该企业？

A. 现在

B. 10 年后

C. 1 个月后

D. 永远都不行

E. 3 天后

答案与解析

答案：A

解析：由于是外资企业，首先翻译成英文，对照英文字母表顺序，应该是 IXNAAIZ。然后由于“顺序并不是永久的”，前四个字母交换下位置，变成 XIANAIZ。后面三个字母向右移一格，变成 ZAI。

综上，就是 XIANZAI，即现在。

小时候的谜题

小时候常想过这种谜题，你能解出来这个密码是什么吗？

4	i	e	r	s	a
n	s	i	w	3	l
i	u	1	2	b	a
j	i	5	s	h	i

A. 秋雨　　B. 春风

C. 夏日　　D. 冬雪

答案与解析

答案：A

解析：这是数字1—10从左至右从上至下的拼音排列，表格中的4、3、1、2、5对应的字母分别是y、u、q、i、u，再按数字顺序排列，“qiuyu”即“秋雨”。

y	i	e	r	s	a
n	s	i	w	u	l
i	u	q	i	b	a
j	i	u	s	h	i

地球怎么自转

某俱乐部，A小姐被几个闺密拉进了房间，姑娘们同每次聚在一起一样说着女儿家的闲话，不时爆出一阵嬉笑声。A小姐性子较为清冷，就独自坐在一边玩手机，也不管那几个人。

下午6点整，A小姐的男友突然发了条信息过来，“亲爱的，你知道地球自转方向吗？”

A小姐：“智商低是会传染的，离我远点！”

A小姐男友：“七夕快到了，我舍不得让你一个人过，地点我已经选好啦，你不会拒绝我这一番苦心吧？”

仿佛看到了那人没个正形的模样，A小姐问：“什么地方，也不同我商量。”

过了半晌，A小姐男友才回复道：“你肯定喜欢这地方。DLZA SHRL ZBKP。七夕好好想想地球怎么自转哦，爱你哦。”

A小姐看着消息突然笑了，这人果然没个正形。她忍不住想在死党面前撒把狗粮，便将手机丢到那几个人中间，说：“测一下你们的智商。”

请问，A 小姐的男友想和她在什么地方约会？

A. 北京故宫　　B. 苏州园林

C. 湘西苗寨　　D. 西湖苏堤

答案与解析

答案：D

解析：根据恺撒密码，A 男友先前故意询问了 A 小姐地球自转方向，后来又特意叫 A 小姐在七夕思考该问题，地球自转方向为自西向东，根据“上北下南，左西右东”可以得到该位移方向为向右，七夕即是位移位数为七，结合二十六字母表，将密文向左位移 7 位：D=W，L=E，Z=S，A=T，S=L，H=A，R=K，L=E，Z=S，B=U，K=D，P=I，可得 west lake sudi（西湖苏堤）。

“出租车 × 帆船 =？”

葡萄 + 火龙果 =5

桔子 + 西瓜 =7

桌子 + 椅子 =4

地板 × 地毯 =4

出租车 × 帆船 =？

问号处的数字应该是什么？

答案与解析

答案：6

解析：把这些汉字全部转化成英文后数元音字母，即可得出答案。出租车（taxi）× 帆船（sailboat），元音字母数为 6。

“qsvbyrmtvxivhlriiixwvsiw”

史密斯教授受到朋友塞米启发，也开始喜欢上了密码破译。有一天晚上，史密斯教授回到家时，发现信箱里面多了一封信，信上写道：qsvbyrmtvxivhlriiixwvsiw。

在信纸的下面还有一行小字：L向后移动了4步，跨越了6个栅栏。

史密斯教授在纸上写了几行字母，就得出了答案。

请问答案是什么?

A. 白夜行

B. 东方快车谋杀案

C. 福尔摩斯探案集

D. 名侦探柯南

答案与解析

答案：B

解析：L是指字母letter，L向后移动了4步，也就是密码中的每一个字母向后移动了4位，还原后得到密码：morxuniprterdhneeetsroes

再运用栅栏密码，把密码分成6栏：

morx

unip

rter

dhne

eets

roes

再把每一行的字母从上往下排列得到：

murderontheorientexpress

分出空格得到：

murder on the orient express

翻译成中文就是阿加莎·克里斯蒂的《东方快车谋杀案》。

老地方等你

半夜 11:00，忙碌了一天的斯隆却毫无睡意。他刚刚接到了一封奇怪的邮件：

亲爱的斯隆：

我准备了一份惊喜给你。明天上午 8:30，老地方等你。

——The Tear

斯隆看着这封奇怪的邮件，心里很诧异：惊喜？老地方？“The Tear”又是谁啊？正当他百思不得其解之时，他突然明白了……对，就是那里！本市唯一的那里！

A. 大剧院　　B. 火车站

C. 市立图书馆　　D. 南风公园

E. 西开大学　　F. 虹口酒店

答案与解析

答案：A

解析：The Tear，事实上这是一个很奇怪的名字。整封信唯一可思考的地方就是这里。

不难发现，The Tear 与 Theatre 字母构成完全一样，经过简单重组，回文构词后明显就是暗示 Theatre。所以答案就是大剧院。

法老王的陵墓

盗墓贼偶然进入了国王的陵墓，发现一个箱子上面写着：

门，丿，日

丶，耂，一

夕，匕，马

然后有一个四位数的密码锁，请问，密码是什么？

A. 6286　　B. 6835

C. 6826　　D. 6235

答案与解析

答案：A

解析：将所有的部首拼出来再重新排序，变成“闯入者死”。再数笔画，答案就出来了。

手表和密码

一个宝库有一个四位数字密码锁，旁边还有这样一张字条：一个安静的夜里，听见很多稀碎的声音。原来老鼠已经快结束自己的活动时间准备回巢。随后一只老牛出现，开始慢慢地咀嚼嘴里的青草。不知多久之后黎明将至惊雷乍现，老虎刚结束觅食，在一声虎哮中慢慢消失。九天之上的龙此时出现准备开始行雨。

据说打开密码锁就能获得宝库里面的古董，一位老大爷过来看了一眼手表便打开宝库获得了奖励。

请问，密码可能是以下哪个？

A. 2257　　B. 1359

C. 1157　　D. 1246

答案与解析

答案：C

解析：这道题是和生肖传说有关，12 生肖分别代表 12 时辰，也就是 24 小时。而在古代传说中子时（23—1）是老鼠活动的时间。丑时（1—3）是牛活动的时间。寅时（3—5）是老虎捕食的时间。辰时（7–9）是龙兴云布雨的时间。然后为了确定具体时间，题目上都是刚出现或者是回归的时间。老鼠回巢穴子时结束（1），牛刚出现丑时开始（1），老虎消失寅时结束（5），龙刚出现辰时开始（7）。

墙上的字母

托马斯松一觉醒来发现自己躺在一个陌生的房间里，借着微弱的灯光，他发现房间没有窗，门上有一把五位数字的密码锁，角落里有一架老式钢琴落满了灰尘。墙上隐约写着一串字母：E C EE C　EE GA G ……字母下方还有四个小字：未完待续。

看来只有破解了密码才能逃出去。托马斯松思索了一会儿恍然大悟，一边哼着歌一边打开了门上的密码锁，逃了出去。

请问，密码是什么？

A. 53571　　B. 24678

C. 31356　　D. 65431

答案与解析

答案：B

解析：字母 CDEFGAB 对应钢琴键上的 do re mi fa so la si.

墙上字母表示的旋律是：mido mimi do，mimi sola so.

数鸭子（儿歌）的旋律：门前大桥下，游过一群鸭。

下一句是：快来快来数一数，24678。

答案为24678。

四扇门

某日，某总裁自杀身亡。按照他的规定，他的四个儿子将在四个门当中选择一扇，而只有一扇门可以到达遗产真正的位置。

总裁只留下了一张纸条，内容是：当大门上耶稣的十字架倾斜，金钱将会出现在门下。

请问，如果你是总裁的其中一个儿子，为继承财产，你应该选择哪一扇大门？

A. 西门　　B. 南门

C. 北门　　D. 中门

E. 东门

答案与解析

答案：B

解析：将“南”字分成上中下三个部分，倾斜十字架象征“南”的上部分，门象征中间的部分，而钱象征着下面的部分。

十二个箱子

怪盗银狐又偷走了A集团的一枚宝石，过了半个月，等他鉴赏够了这枚宝石后，又连着十二个箱子还了回去，并附上暗号：鸟儿们在溪边玩耍，在小溪的佑护下，鸟儿们纷乱飞舞，通往天空的路只有一条，机会只有一次。

请问，宝石在哪个箱子里？

答案与解析

答案：第十个箱子

解析："十二个箱子"表示十二生肖。"鸟儿在溪边"为"鷄（鸡的繁体）"。"佑护"的"佑"为"鸟"，在"溪"的右边，"鳥"为鸟的繁体，组合起来为"鷄"，即"鸡"。鸡在十二生肖中顺序为第十。

"%）%"

一天晚上，妻子回到家中，发现常坐在家中玩电脑的丈夫不见了。

于是，她坐在电脑前打算玩电脑，却发现桌面多了一个名字为 Shift 的文本，点开一看里面只有三个符号：

%）%

妻子大惊失色，马上打了 110 报警。

请问丈夫传达了什么信息给妻子？

A. SOS　　B. 110

C. WARNING　　D. CAUTION

答案与解析

答案：A

解析：在电脑键盘上按"shift+505"可得到"%）%"，505 与求救信号 SOS 相似。

心形小盒子

某天，斯隆的一名小粉丝给他寄来了一个有密码锁的心形小盒子。请问盒子的密码是什么？

A. 2160　　B. 1233

C. 0912　　D. 2333

答案与解析

答案：C

解析：不难发现，提示的下半部分是罗马数字，只要用镜面竖在其中的轴线上就可以看到，0、IX、I、Ⅱ，即0912。

集合地点

一天，小王收到一封信，叫他去个地方和同学会合，信的内容是：

土成合，左耳一十一个九十九，由于床有木没有。

请问小王该去哪里集合？

A. 观音庙　　B. 大剧院

C. 护城河　　D. 城隍庙

答案与解析

答案：D

解析：土成组成城；左耳即为阝，一十一组成王，九十九是百少一，即为白，它们组成隍；床去掉木，加上由组成庙。连起来即城隍庙。

“51+55=97”

有个富翁爱钱如命，很少谈起自己口袋里有多少钱，即使对知心朋友也仅在信中提到过这么两次。

第一次他写道：“现在我口袋里有35+24=49个金币。”他的朋友丹尼尔猜出了其中的秘密，这其实是一种密码！按一定规律增加或减少了相同的数。那么原式应是：26+15=40。

第二次他写道：“这次我绝无谎言，我口袋里有51+55=97个金币。”丹尼尔根据密码编排方法，很快破译了密码。

请问密码到底是什么意思？他有多少金币？

A. 66　　　　B. 88

答案与解析

答案：B

解析：从已知条件出发，由35+24=49（个）推算出为26+15=40（个），也就是减数、被减数、差数都减去9。

所以51+55=97（个），按此方法推算出为42+46=88（个）。

"IQDAX YODHP"

斯隆非常喜欢旅游和探险。在一次旅行的路上，斯隆从一个神叨叨的女人那里花了10万元买了一张藏宝地图，交易完成后，女人神神秘秘地给了他一张皱巴巴的小纸条，说到那里会用得到的。

斯隆根据地图最终找到了那个秘密的藏宝地点，但是大门紧锁他进不去，只见门旁有一个看似很高端的电子密码锁，可以输入英文字母。斯隆意识到，或许解开了纸条上隐藏的密码就能够进去了。

请问纸条上这些字母到底是什么意思？

纸条内容如下：

IQDAX
YODHP

A. THINK　　B. TODAY

C. ENTER　　D. RIGHT

答案与解析

答案：B

解析：上面一排字母取上半部分，下面一排字母取下半部分，密码是TODAY。

遗书里的线索

一位企业家被发现死在家中，他生前留下信息说他所有的财产都留给有缘人，线索就在遗书里。遗书上写着：

没有人住在这个即将破灭的都城，

忠心的大臣在为国家占卜，

飞将军李广站在木车上，

没有心的人们忐忑不安慢慢走下城墙…

机智的小李很快就看出了线索并找到了企业家的遗产。请问企业家的遗产在哪里？

A. 床下　　　　B. 厨房

C. 后院　　　　D. 井底

答案与解析

答案：A

解析：没有人住＝主，大臣占卜＝卧，李广木车上＝床，没有心、忐忑走下＝下，合起来就是“主卧床下”，所以答案是A。

字母和箭头

下面四个箭头分别代表一个字母，这四个字母按此顺序可以组成一个单词，请问这个单词是什么？

A. FIRE　　B. WIND

C. NEWS　　D. HERE

答案与解析

答案：C

解析：箭头分别表示四个方向，北（North）第一个字母是N，依次类推得到NEWS。

一封匿名信

某天，甲收到了一封匿名信，内容如下：

____水，____风，____烟，____奖，____查，____取，____空，____签。

他花了很长时间都无法理解其中含义，直到乙一语道破。

请问这封信是什么意思？

答案与解析

答案：欠抽

解析：乙看了看后，一脸严肃地对他说：你最近得罪什么人了吧？小心啊。他一脸疑惑：为啥？乙说：很明显，这封信是说你欠抽。所有的横线都可以填上“抽”组词。

保险柜上的奇怪符号

一个富豪因病去世了，去世后律师公布了他的遗嘱。

遗嘱上写道：书房的保险柜里有我这一生的积蓄，只要谁能打开，我的遗产就是谁的。

众人来到书房，看见了保险柜，但保险柜上面刻着一段奇怪的符号——

A. 6829　　B. 5640

C. 2635　　D. 3815

答案与解析

答案：C

解析：这是由数字的英文大写对折后把下半部分移到上面组合起来的，只要还原就可以知道答案为 TWO，SIX，THREE，FIVE。

锁屏以后

帕萨贝尔探长的夫人想偷看儿子的手机，可是屏幕却上锁了。她在孩子的桌上找到了一条线索，请问密码是什么？

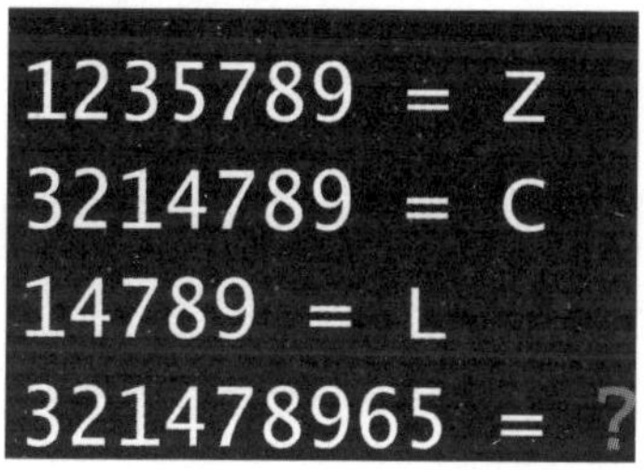

A. 密码 V　　B. 密码 O

C. 密码 J　　D. 密码 G

答案与解析

答案：D

解析：其实很简单，按照 321478965 顺序走的话可画出一个“G”的形状，所以密码是 G。

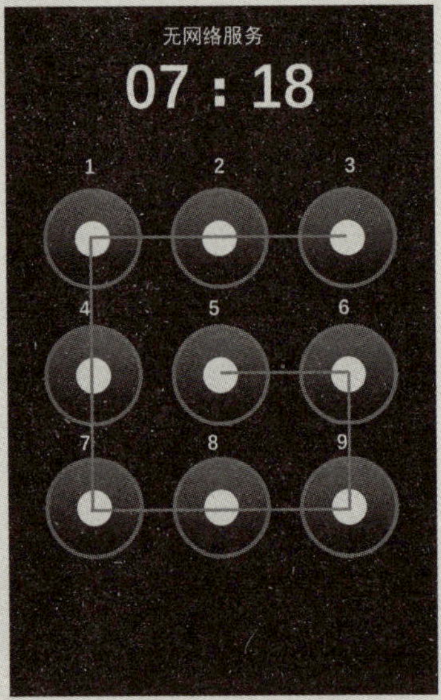

三组数字

一天斯隆收到了一封信，打开来看只有三组数字：

第一组：111，010，010，111。

第二组：100，100，100，111。

第三组：101，101，101，111。

斯隆用笔在纸上写了写，便知道了这封信的意思。

请问这封信在说什么？

A. VJH　　B. SHE　　C. ILU　　D. BEI

答案与解析

答案：C

解析：将数字排成这样：

111　　100　　101

010　　100　　101
010　　100　　101
111　　111　　111
数字 1 所在的部分组成了 ILU。

"RHB="

托马斯松下飞机取了行李，发现自己的箱子被一个三位数密码锁锁住了，密码锁的旁边还有一张小小的纸条。

托马斯松揉了揉刚睡醒的眼睛，盯着这张只有指甲大小的纸条看了半天，自言自语道："RHB="，这是什么嘛，4 个符号挨得这么近，几乎都连在一起了，这个 R 还写得这么难看，头重脚轻的，谁的字这么难看……

谁能帮托马斯松解开这个恶作剧，破解这个密码？

A. 123　　B. 888　　C. 447　　D. 008

答案与解析

答案：D

解析：在纸上写写，"RHB="其实也可以看成"121-113="，那么答案当然是 8。

"你就是个 2"

你从昏昏沉沉中苏醒过来，发现自己被锁在一个全钢化墙壁的密闭房间中，唯一能逃出去的地方就是头顶的玻璃房顶，可是已经被锁住了，锁是一个 4 位数的密码锁。

你低头发现一张被烧掉一半的纸（正面如图），背面写着：“你就是个 2。”这张纸是你最后的救命稻草，它有可能在暗示你锁的密码。

请问密码是什么？

A. 1523　　B. 7423　　C. 3026　　D. 3726

答案与解析

答案：B

解析：你就是个 2，YOU=U=2（YOU 和 U 发音一样）。那张纸的左上角不是字母 X 而是乘号。U 下面的数字虽然被烧掉一大半，但是还是能看出来只有一位数，而且是 4。这样就可以看出 A×U=4，U=2，那么 A=2。

以此类推，可以算出所有字母等于几。而这些字母中，有 N、O、P、E（N=3，O=7，P=4，E=2）四个字母，重新组合可以组成 OPEN=7423。正确答案是 B。

Y月Z日星期X

请根据下图推测出具体日期：

A. 3 月 5 日　　B. 3 月 6 日

C. 4 月 5 日　　D. 1 月 13 日

答案与解析

答案：D

解析：X、Y、Z 是一组勾股数，翻完日历之后可知，答案是 2012 年 1 月 13 日星期五农历十二月二十日。

密室探险

斯隆某次去密室探险，有一关的线索如图，请问密码是什么？

A. 2530　　B. 1250

C. 5893　　　　D. 4580

答案与解析

答案：B

解析：最后两行的×和#，提示是手机按键，其他的按键是几就有几条线，所以空着的就是1250。

卧底的能力

小李的上司——陈永仁很看好小李，他准备派小李去某黑帮团伙做卧底，在此之前，陈永仁还想要考察一下小李的观察及推理能力。

陈永仁将小李关到了一个密室里，仅在墙上贴了一张海报（如图），要求他在五分钟内破解密码成功出逃。

请问密码是多少？

2	4	1	7	2	9	4
7	9	9	4	1	7	1
1	2	2			2	7
4	7	7			9	2
9	1	1	4	9	4	9
2	4	9	2	7	1	4
7	1	4	9	2	7	1

A. 4419　　　　B. 2714

C. 7149　　　　D. 1492

答案与解析

答案：B

解析：从左上角起逆时针螺旋状，重复出现 27149。以此类推到最后空着的四个格时出现数字的先后顺序，即 2、7、1、4，这就是密码。

另一个提示：陈永仁是《无间道》中的一名警察，编号是 27149，从这个角度能更快地破译密码。

"XI–"

A 从军火库里偷了不少的塑胶炸弹，本来已经得手，但自大的 A 决定玩玩警察。他给警察发了个暗号，提示炸弹所在地点："XI–"。

帕萨贝尔探长看了后立即派人到现场去拆弹，还好在爆炸前成功拆除了炸弹。

请问"XI–"是什么意思呢？炸弹在哪儿？

A. 博物馆　　B. 学校

C. 医院　　D. 警察局

答案与解析

答案：B

解析：将暗号逆时针旋转 90° 后看上去像个"文"字，提示地点在学校。

格格不入的国家

某服务员是一个地下组织的成员之一。一次，另一位成员要从她的手里转接一份机密文件，所以服务员要把文件放在她所在酒店里的某个餐厅包厢里。侦探斯隆窃听了他们的通话。

“东西放好了吗？”

“嗯，就在最格格不入的国家里。”

斯隆去了那家酒店，在二楼发现一字排开有好几个包厢，都以国家命名，依次是奥地利、英国、中国、西班牙、埃及、法国、希腊。

文件就藏在其中一个包厢内，请问是哪个包厢？为什么？

答案与解析

答案：西班牙

解析：奥地利 Austria、英国 Britain、中国 China、西班牙 Spain、埃及 Egypt、法国 France、希腊 Greece，首字母是 ABCSEFG，7 个国家中只有西班牙 Spain 的首字母违背了 26 个字母正确的顺序，所以答案是西班牙。

Part 6

蛛丝马迹

法证之父爱德蒙·罗卡说过，凡是两个物体相接触，就会产生相互转移的现象，即接触会带走一些东西，也一定会留下一些东西。所以善于观察作案人留下的痕迹对破案有着极其重要的意义。对于一名侦探来说，不能放过犯罪现场的任何蛛丝马迹，包括鞋印、血迹、笔迹等多种不同类型的痕迹等，然后再运用智慧和才能分析解决这一个个棘手的案件。

你来比划我来猜

小罗是一个小超市的收银员。有一天，一个外国人来到超市里，做出用手指捏着东西放在嘴前同时吸气的动作。小罗以为他要买烟，于是把烟递给了他。但外国人摆摆手，表示不是。小罗于是拿出了打火机，但外国人仍旧摆手，并再度做相同的动作，同时用手指向旁边立式冰柜中的饮料，这时小罗知道外国人想要什么了。

你知道外国人到底想要买什么东西吗？

A．吸管　　B．饮料

C．口哨　　D．棒棒糖

答案与解析

答案：A

解析：如果是买口哨，那外国人应该做出吹气的动作。而饮料就在旁边的冰柜里，外国人完全可以直接拿出饮料去收银台付钱。棒棒糖虽然是用手捏着的，但吃棒棒糖不需要吸气。所以只有吸管才符合要求。

谁最“不正常”

夜幕降临，我在公园散着步，伴着蝉鸣。

这可真是个好地方！四面环山，中间坐落着一座小城，四季长春，来之前还以为是像哈尔滨一样的寒冷地带呢，现在每天被这暖洋洋的阳光烤着，倒有点“乐不思蜀”了！

看着一双双从面前走过的“大白腿”，我心里正想着回去后什么时候找个对象呢，一位老人佝偻着身子走过来，我也不好意思再占着座位了，便起身让给他。他一声招呼也不打，一屁股就坐了上去，差点翻了个跟头，我忍不住要笑。

看着天色也不早了，我便起身回去，还没给狗喂食呢！

一位裹着貂毛大衣的女士让我想起了我的母亲，她节俭了这么多年，就为了给我买件貂毛大衣，让我冬天御御寒……也不知道她老人家怎么样了……

问：故事中谁不正常？

A．我　　　B．老人　　　C．女士

答案与解析

答案：C

解析：“蝉鸣”，说明该地正处夏季；“暖洋洋”“烤着”，说明该地天气暖和；“大白腿”，表明当地女孩光着腿，说明气温并不低。而这种情况下，居然还“裹着貂毛大衣”，当然是这位女士不正常。

期末考前夜

期末考前某日午夜十二点，某住宿制高中一层办公楼的窗户被偷偷撬开，戴着口罩的甲和没戴口罩的乙相继翻了进来，乙落地时打滑了，要不是被甲搀住就得一屁股坐下去。两人一边抱怨着学校乱花钱装大理石地板，一边借着窗外的月光来到了墙角的档案柜旁。

乙表示自己来之前已经黑进了监控系统，现在监控室那边只能看到不断循环着的之前的监控画面，而不会暴露他们。

甲用自己偷配的钥匙打开了柜子，找到了目标——还来不及誊印的期末考试样卷。在乙走到办公室门口望风的同时，甲用办公室里的碎纸机把样卷粉碎了，其间还被无声无息走到他身后的乙吓得手脚并用在地上爬出老远。

粉碎完卷子后，两人仔仔细细地用湿纸巾把档案柜和碎纸机上他们碰触过的地方擦了个干净，确保没有在档案柜和碎纸机上留下任何指纹，随后回到翻进来的那个窗子边，处理了窗玻璃及窗台上可能留下的指纹后翻了出去，并且清理完外侧可能留下的指纹后就离开了。

但学校保卫处的人很快就先找上了甲，随后又根据他的证词抓了乙。

那么，仅从上面的文字中判断，甲为什么会被保卫处的人锁定呢？

A．他被监控录像拍到了

B．他被乙出卖了

C．他吹牛的时候把这事说出去了

D．他留下了指纹

答案与解析

答案：D

解析：首先，根据题意，监控已经失效，并且甲有戴口罩而乙没有，所以即使先被找上也不应该是甲，所以选项A排除；

其次，甲是先被抓的，而乙反而是因为被他出卖才被抓的，所以选项B也可以排除；

再次，“甲吹牛”这件事在题干的文字中并没有体现，不符合问题中“仅从上面的文字中判断”，所以选项C也排除；

最后，虽然他俩清理了档案柜、碎纸机、窗户上任何可能留下的指纹，但是，在粉碎样卷的时候，甲被乙吓得手脚并用在地上爬出老远，而且地板是光滑到足以让人打滑的大理石地板，所以甲在地板上留下了指纹。

化学实验室里的“意外”

某个地方曾发生过这样的一起案件：某化学家在实验室内感到严重不适，后来因未能及时抢救而身亡。警方在调查中发现，实验台上放着两瓶化学药品，它们的标签分别为A、C（这里的符号是该物质的编号，不是化学式，下同），且标签为C的试剂瓶上有死者的助手最近留下的指纹，留在标签上的那枚指纹最为明显，此外还有一个烧杯。另外，警方在存放试剂的地方还发现，标签为B的试剂瓶上也有死者的助手最近留下的指纹，最明显的也是标签上的那枚，据在这里的工作人员称，A与B会发生反应生成一种有剧毒的气体。

问：杀害这位化学家的人最有可能是谁？

A．工作人员

B．化学家自己

C．死者的助手

D．另有其人

答案与解析

答案：C

解析：在B、C上有助手留下的指纹，说明其最近动过这两瓶试剂，标签上的指纹最明显，说明了其按压过这里，而化学家的死则有可能死于中毒。如果A与C的反应会生成有毒气体的话，作为一个化学家，他不会不知道这很危险，也就不会轻易地将两者混合在一起，所以这并非A与C的反应，而助手动过B、C两瓶试剂，所以这两瓶试剂有问题，只有一种可能：当时与A发生反应的不是C，而是B。助手把两瓶试剂的标签换了，这便导致留在标签上的那枚指纹最明显，而A与B反应恰好会导致上述结果，所以是助手把B与C的标签换了。

不同的预知梦

小牛和小马都是某物流公司的夜班保安，他俩都有做预知梦的超能力。

有一次，小牛打电话给正在睡午觉的公司老总，说是他刚刚梦见今天下午会有一个疯子闯进公司一楼持刀行凶。老总马上命令所有的保安齐聚公司大门严阵以待，果然发现并抓住了一个带刀的疯子。老总表扬了小牛，并给他涨了工资。

又有一次，小马打电话给正在茶餐厅吃夜宵的公司老总，说是他刚刚梦见公司的仓库被人安装了定时炸弹。老总马上打 110 报了警，警察赶到仓库后，很快就发现并拆除了定时炸弹。老总表扬了小马，随后却把他解雇了。

问：小牛和小马都对公司有功，为什么老总解雇了小马？

A．因为小马没有主动打 110 报警

B．因为定时炸弹是小马安装的

C．因为小马在工作中玩忽职守

D．因为小牛所说的疯子其实就是小马

答案与解析

答案：C

解析：注意，小牛和小马都是夜班保安，所以夜晚是他们俩的上班时间。

小牛在老总睡午觉时打电话说他刚刚做了梦，这就意味着小牛是在休息时间睡的觉。

小马在老总吃夜宵时打电话说他刚刚做了梦，这就意味着小马是在上班时间睡的觉。

小马在上班时间睡觉做梦，所以说他在工作中玩忽职守，因而被老总解雇了。

倒霉的抢劫犯

小明刚刚抢劫完银行，不幸的是警方在接到报警后紧急出动，对部分道路实施戒严。更不幸的是，他逃跑时驾驶的汽车被一场交通事故堵在了路上一动不动，于是小明从后备厢取出折叠自行车，携带一包现金弃车逃窜。

该城市由于地形关系，所有道路均坡度较大。小明一路猛蹬，眼看着就要离开闹市区，突然发现前方警方设置的路障，并且在检查过往行人及车辆，小明情急之下一个急转弯，转进了一条岔路，结果与一辆行驶的货车相撞，小明被撞飞出去 10 米（没死，但是已经重伤，不能行走），过了十来分钟就听到了警车、救护车的声音。

请问，小明最终是否被警察抓住了？

A．抓住了

B．没抓住

C．不确定

D．被同伙谋杀了

答案与解析

答案：A

解析：因为道路坡度较大，小明急转弯进入岔路，又由于车速太快，且岔路视野受限，与前方来车相撞，因此身受重伤。肇事司机报警后，警车、急救车陆续赶来，交警会勘察现场，发现肇事现场留下的一包现金。根据现金编号可判定是否为被劫现金，故警察抓住了小明。

“861MH”

有一次，名侦探斯隆带着助手托马斯松一起到某宾馆去查案。到宾馆时，托马斯松想去上厕所，斯隆就给了他一张写着房间号的纸，嘱咐他上完厕所快点去。托马斯松满口答应。

出了厕所，托马斯松拿着纸到处找那个房间，却怎么也找不到。无奈，他只能在宾馆登记处等着斯隆。

很快，斯隆下了楼，看见托马斯松站在那儿，问道：“你怎么不去现场呢？案子我都办完了，这下你可失去了一个极佳的实习机会。”

托马斯松拿出那张纸条，委屈地说：“我找了半天了，这宾馆根本就没有这个房间号，你是不是故意耍我？”

“什么？”斯隆一头雾水地拿过那张纸条，只见上面写着“861MH”。斯隆顿时被气笑了。

请问真正的房间号是多少？

A. HM198　　　　B. WH189

C. MH168　　　　D. HW198

答案与解析

答案：D

解析：把“861MH”旋转 180 度就是“HW198”。这才是斯隆所接案的房间号，托马斯松把纸条拿倒了。

炒股失败以后

B 先生死在自己的敞篷车里，车篷折叠着，车里有一瓶安眠药和遗书，遗书内容是炒股失败服毒自杀。B 死亡时正下雨，车里没湿。经过检测，遗书也没有淋湿过的痕迹。

请问，B 先生是自杀吗？

A. 他杀　　　　B. 自杀

答案与解析

答案：A

解析：下雨时敞篷车的雨篷不可能折叠着，遗书也没淋湿，说明是被杀后布置的现场。

工地上的命案

某天，艳阳高照。

某大楼施工工地中发生了命案，一名普通工人死在了一楼，正在附近的帕萨贝尔探长立刻赶到了现场。以下是帕萨贝尔探长对案发现场的描述：

“死者身材瘦弱，目测死于窒息，尸体面朝下，头部埋在水泥堆中，死前似乎经过剧烈挣扎，口鼻吸入大量粉尘，撕裂的嘴唇有泡沫状血渍。死亡时间根据工头的供词，他三十分钟前还跟死者说过话，十五分钟后就发现死者的尸体，所以死者应是在二十分钟以内遇害的。”

为了不破坏犯罪现场，帕萨贝尔探长没有触碰死者的尸体，所以进一步的细节无法知道。在呼叫过支援以后，帕萨贝尔探长立马将所有当时在施工工地中的工人都叫来了，经过排查，最有嫌疑的三个人的供词如下：

一号嫌疑人：“我在二楼铺地砖呢，根本没有时间作案啊，当时有好几个人都看见了我。”帕萨贝尔探长对他的描述：身材异常魁梧，光着上身，手脚布满老茧，浑身沾满了水泥。

二号嫌疑人：“我在外面操控推土机，大家都听见了！我可没杀人啊！”帕萨贝尔探长对他的描述：身材瘦小，一身驾驶员专用连体防护服非常干净，可是却没有带头盔，他解释说天气太热了他又在推土机里所以觉得不用带。

三号嫌疑人：“我在二楼修厕所呢，我跟他无冤无仇干吗杀他。”帕萨贝尔探长对他的描述：身材一般，穿着普通的工人背心，两手非常干净，但手臂内侧有很多细小的划痕，他解释说是修水管时被墙壁内的钢筋划伤的，伤口看起来很新。

正当帕萨贝尔探长录供词的时候，名侦探斯隆跟着法医来到了现场。看了看帕萨贝尔探长录下的供词，又看了一看水泥，斯隆说道：“不用麻烦了，凶手就是他。”

请问谁是凶手？

A. 三号嫌疑人　　　　B. 二号嫌疑人

C. 一号嫌疑人　　　　D. 工头

答案与解析

答案：A

解析：一号嫌疑人，身材魁梧有力的他根本不会让被害者挣扎那么久，而且他确实在二楼被很多人看见，他是有不在场证明的。

二号嫌疑人，推土机现在都有安全装置，如果人不坐在推土机上，其发动机不会工作，所以他也是有不在场证明的。而且他若是凶手，身上必然会有水泥粉尘，那种防护服挺难脱的，二十分钟以内换衣服时间根本不够。

三号嫌疑人，他经过一楼时与被害人发生了口角，激动之下在与被害人搏斗中杀死了对方，没料到被害人嘴唇上的血沾在了他的手臂上，于是他马上回到二楼厕所，用水冲洗胳膊，水遇到了水泥粉，里面有生石灰，石灰腐蚀他的皮肤，在冲洗过程中一点点的用力都会造成很多微小的伤痕。若是钢筋怎会造成那么多的小划痕？

工头因为要监工，在工地里属于最忙碌的几人之一，如果他有一段时间不出现必定会被人发现怀疑，所以他没有嫌疑。

陌生城市的公交

托马斯松想去湖州游玩，但是贪图小便宜，上了非正规车，来到了一个陌生城市。托马斯松下了车，下车位置比较偏僻，刚想手机定位，此时恰好手机没电了。托马斯松摸索找到了公交站，看到了部分的公交路线。那么根据公交路线，托马斯松是否到达了湖州？

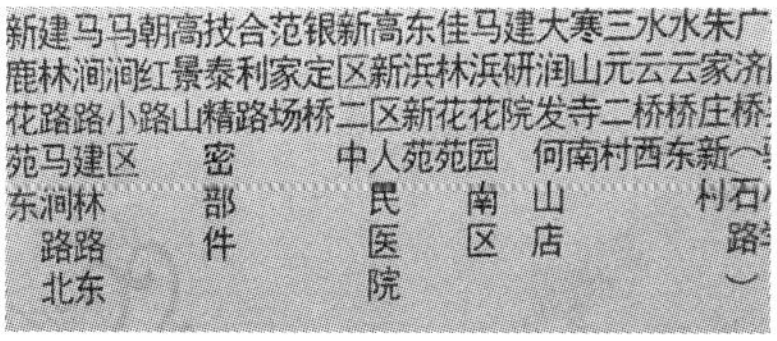

A. 没到　　　　　　　　B. 到了

答案与解析

答案：A

解析：公交路线里有一站是寒山寺南，寒山寺在苏州，而不是湖州，所以没到湖州。

如果你不知道寒山寺在苏州，根据熟悉的唐诗，张继的作品《枫桥夜泊》中“姑苏城外寒山寺”也可以知道寒山寺在苏州，“姑苏”指的是苏州，意思是寒山寺在苏州城外，也就是苏州郊区。

闺密的“男友”

今天我和闺密在网上团购的螺蛳粉到货了，我正好顺路就给她送去。闺密的父亲去世早，家里只有她和母亲两人。我到了她家敲门，她开了门但貌似心情不太好。

进屋后，我：莺莺，螺蛳粉给你，我还有事先走了（哎呀又叫错了，这么叫她是因为她前男友原来在学校越剧团一直演西厢记里的张生，他俩刚分手后我还没习惯）。

我转身刚要走，突然看到屋里站着一个陌生男子，我问：这是谁啊？

闺密还没答话，那个男子先开口了：哦，我是她男朋友。

我：哇，大帅哥哎！你好有福气哦。结果旁边和我一起来的我男友皱了皱眉，我赶紧转移话题。看到桌上有个一次性饭盒装着的红烧肉，我说：这个红烧肉看着做得不错哦。

她“男友”又说：哦，这个是我做的，莺莺和伯母一直都很爱吃我做的红烧肉呢。这是今天做好带来的。

我：“不对呀，伯母不是有糖尿病不能吃糖吗？红烧肉要用糖的啊。”

她“男友”：哦，我用了木糖醇代替冰糖炒糖色。

我：“哦，真的好有心呢。”

我转身和男友下楼，便掏出手机报了警，警察很快赶到。那男子果然有问题，他是入室抢劫犯二人组之一，隔壁屋子他的一个同伙还控制着我闺密的母亲，这也是我闺密没敢向我求救的原因，怕歹徒伤害她母亲。

那么请问根据题中描述，我发现明显有问题的有几处？

A. 0 处，全凭女生第六感　　B. 1 处

C. 2 处　　D. 3 处

答案与解析

答案：C

解析：明显有问题的是如下两点：

（1）题目中说了，闺密本名并非莺莺。题目中那个男子说“莺莺和伯母”都喜欢吃他做的红烧肉，男子如果真是她现男友怎么会称呼她这个与她前男友有关的名字，说明他并非闺密男友，甚至都不知道她真名，只是听我这么叫才跟着叫的。

（2）糖尿病病人是可以吃木糖醇，但这个男子说他用木糖醇炒糖色是绝对有问题的。因为炒糖色原理是发生美拉德反应（美拉德反应亦称非酶棕色化反应，是广泛存在于食品工业的一种），而木糖醇不能发生美拉德反应，木糖醇是炒不出来颜色的。所以，这个红烧肉只可能是歹徒买来自己吃的外卖之类。

而为什么歹徒放我走，不把我一起控制了，免得引起我的怀疑报警之类呢。因为题目中说了，我男友和我一起来的，而他们是抢劫犯二人组，就算他们是两个男的可以制服我闺密和她母亲，但是未必能制服得了我们一男三女（我男友，我，我闺密和她母亲），他们胜算不大，而且我们只要开下门再惊动邻居之类他们就暴露了。所以他们没敢冒险，只是报侥幸心理希望我没发现破绽让我和男友离开了。

伪装的护士

白狼（男）一头短发，常戴一副金色耳环。他是知识城里的一个惯犯，极其狡猾，作案手段老练，极其善于伪装。知识城多个警察局联合起来追捕他也没什么效果。

此时，白狼正在疯狂逃跑，并且进行了伪装。

这一次，警方追随他（伪装成总经理秘书）从一家大型公司到了一家医院里。到了门诊部，警方仔细寻找他的身影。但一转眼，白狼又没影了。警方一筹莫展。这时，他们看见几个护士正向住院部走去，立马拦了下来。

警方看了看他们的工作牌。

护士 A 穿着粉色护士服，而其他护士都穿着白色的护士服。

护士 B 一头短发，嘴唇上有些毛发。

护士 C 穿着一双红色的高跟鞋。

护士 D 带着金色耳环。

咦，没啥疑点么。放她们走吧。

眼看那些护士正要走出大门，警方突然想到了有什么不对。幸好及时反应了过来……

请问，她们当中谁是白狼伪装的?

A. 护士 A　　B. 护士 B

C. 护士 C　　D. 护士 D

答案与解析

答案：C

解析：很简单，护士上班时不能穿高跟鞋，否则会影响到病人休息。白狼在大型公司伪装成总经理秘书时穿的高跟鞋，而他假扮护士时，因为匆忙，忘了换鞋子，露出了破绽。

窗边的线索

约翰博士是一名出色的生化学家。他最近研制出来了一种特殊药物配方，成为各国争抢的对象。约翰博士一向行事谨慎，只是对美女没有招架能力。圣诞聚会上很多美女过来和约翰博士搭讪饮酒，杯觥交错中他开始醉眼迷离。恍惚间约翰博士饮下一位美女递过来的酒很快开始意识模糊，最终失去了知觉。

不知过了多久约翰博士醒了过来，发现自己在一个陌生房间里，但这是在哪？他来到窗边，窗外皑皑白雪，行人稀少，飘扬着的旗子是他们的国旗吧，只有红白两色太过单调了。打开电视，大概能听懂里面讲都是法语，但约翰博士法语很差，这电视没法看了，于是便关掉电视。

约翰博士开始回忆聚会上那些美女，大概有法国的、加拿大的、阿尔及利亚的、土耳其的、奥地利的……

那么问题来了，根据以上线索，约翰博士到底被绑架到了哪个国家呢？

A. 法国　　B. 奥地利　　C. 土耳其

D. 阿尔及利亚　　E. 加拿大

答案与解析

答案：E

解析：首先，圣诞节期间窗外白雪皑皑，应该在北半球，这些国家都符合，冬天都会下雪，虽然阿尔及利亚下雪很少。

再说国旗颜色，法国是红白蓝三个颜色组成的，阿尔及利亚是红白绿三个颜色组成的，其他三个国家的国旗是只有红白两色组成。

最后说电视里讲的都是法语，以上国家官方语是法语的是法国、阿尔及利亚和加拿大的部分地区。

综上，三个条件都符合的是加拿大，“我”是被绑架到了加拿大讲法语的地区，比如魁北克省。

画油画的人

最近一周都是大晴天，气温很高，名侦探斯隆正在家吹着空调，突然接到了警局的电话，说是博物馆发生了一起盗窃案，一幅珍贵的名画被盗走了。斯隆无奈地从空调房里出来，赶去了嫌疑人之一 A 的家里。

斯隆问道："请问你最近在干什么？去过什么地方？" A 回答道："我最近几天都在家里画油画哎，没有出去过。"

A 的室友 B 拿着一把锋利的菜刀从厨房出来说："他每天都拿着个油画调色板在落地窗前从上午画到下午，还什么防护也不戴。"

A 接话道："带手套围裙什么的太影响我的发挥了，再说了我技术好，就算调色板上全是颜料也不会弄到手上和衣服上。"

斯隆向朝南的落地窗前看了看，确实有个调色板，上面除了伸手指的洞以外全是各种各样的颜料。然后斯隆又问是否可以仔细看一下油画，A 于是从画架上取下了油画举到斯隆面前，上面画的是一个穿绿色长裙抱着水瓶的侍女，颜料还未干透。

突然斯隆发现 A 的手上有伤，一些红色小伤痕分布在双手上，打破了均匀肤色的平衡，显得非常奇怪，于是询问 A 怎么回事。A 看了一眼伤口平静地回答说是昨天帮 B 炸东西溅到油了。

之后斯隆又问了些问题，并没有发现什么不对，于是回到了警局，帕萨贝尔探长听了斯隆的描述后大喊到他们在说谎！当斯隆又一次返回 A 的住所时，A 和 B 已经不见了。

请问探长是从哪里发现不对的？

A. 油画调色板上各种各样的颜料

B. A 肤色均匀的双手

C. A 双手上的红色伤痕

D. B 拿着的菜刀

E. 油画上未干的颜料

F. 油画里的内容

答案与解析

答案：B

解析：已知最近天气很热，阳光特别充足，从A和B的话中可以得出信息：A最近几天会从上午到下午长时间地坐在朝南的落地窗前，端着油画调色板，不戴任何防护用具画油画，而且手上不会沾到颜料。然而斯隆看见的油画调色板是有洞的，绘画者会将拇指伸到洞外，另四指支撑在画板下方，A不戴任何防护用具比如手套之类的东西，那么他一只手的拇指肤色肯定会明显深于其他四指，但A的双手肤色均匀没有晒痕，这说明A和B在说慌。

红色小伤痕确实可能是炸东西溅到油所致，没有问题。B在厨房做饭拿着锋利的菜刀很正常。油画颜料通常最快也要一到两天，长则几个月才能干透，所以也没有问题。油画内容就是普通的人物画，没有问题。画油画需要很多种不同的颜色，调色板上有各种各样的颜料很正常。

三个“科学家”

某天110接到报案，科学家公寓有人打来电话说：回家开门时候听到楼上房门被推开的声音，有人喊了声救命，结果门又被重重关上，他觉得不妥，遂打电话报警。

警察到了现场找到报案人，发现报案人住在5楼，而楼上6楼即是顶楼，遂对楼上三户人家进行了调查。

警察先敲开了第一户的门，墙上一张大胡子外国老头画像映入眼帘。开门的人自称是化学家，介绍画中人是首创化学元素周期表的门捷列夫，遗憾的是他终身未获得过诺贝尔奖，而获得过的一个奖杯还是铝的，因为当时铝提炼很难，铝极其稀有珍贵。警察问刚才是否听到异常声音，对方答没有，一直在睡觉，刚被警察敲门叫醒。

第二户开门的是一个自称动物学家的人，看到满墙贴的猎豹图片，问：这是猎豹吧？《动物世界》见过。对方答：嗯，我一直在研究猫科豹属的动物，猎豹啊、花豹啊，虽然同属近亲，但还是有差距的。警察问刚才是否听到异常声音，他答没有，可能因为在看电视声比较大。

第三户开门的是一个自称地球物理学家的人，说是主要在野外从事勘探工作，很辛苦。警察问其是否听到异常声音，对方答没有，因为常年不在家，冬天才回来休息一个月，刚进屋还没来得及换衣服，警察就来了。

三户都问完了，警察也没什么头绪，突然警察想到一个破绽，其中一个科学家有问题，应该是冒牌的。而真正的科学家可能被绑架在屋内。楼下听到的声音应该是真正的科学家要推门求助或逃跑而被嫌疑犯拉了回去。

那么请问以上三位“科学家”谁可能有问题？

A. 化学家

B. 动物学家

C. 地球物理学家

答案与解析

答案：B

解析：有问题的是“动物学家”，猎豹和花豹虽然都属于猫科，但属于不同属的远亲，花豹属于豹属，猎豹属于猎豹属。花豹的近亲是狮子和美洲虎，猎豹的近亲是山狮和细腰猫。而真是研究猎豹的动物学家，不会把这些基本知识搞错。警察之所以发现这个破绽，不是说了警察看过《动物世界》吗，可能刚好了解到了猎豹相关的知识。

化学元素周期表的首创者门捷列夫确实没有获得过诺贝尔奖，获得铝制奖杯也是真的。地球物理学家常年在野外进行地质勘探，冬天才回家休息也没有问题。

跛脚的凶手

最近村子里接连出现杀人事件。凶手一次作案只持续四五分钟，但几乎每一个被害者身上都有不下70处的伤痕，刀刀致命（命中要害），残忍程度令人发指。

这天夜里，凶手刚刚作案正好被警察小王撞见。小王拼命地追赶凶手。凶手在奔跑的时候不小心摔倒。可惜由于小王对村中的地形不熟（他只是被别人请到这里破案而已），竟然被跛脚的凶手甩开了。

第二天——

"医生，有治跌打损伤的药吗？"

"有，您涂上这个药，立马好。"

"呦呵，真是神奇。对了，村委会怎么走，我是新来的大学生村官。"

"出门右拐，直走就是。"

"谢谢啊。医生你人真好。"

小王经过排查，发现村中跛脚的人只有两个。

第一个是农民老李，他说自己是在劳作的时候被锄头锄到脚了。

第二个是建筑工老赵，他说他在给别人盖房子的时候不小心从房梁上摔下来。

那么问题来了，凶手最有可能是谁？

A. 大学生村官　　B. 老李

C. 老赵　　D. 都不是

答案与解析

答案：D

解析：凶手最可能是那个医生。仔细读第一段，凶手在四五分钟内砍了对方70多刀，并且刀刀致命。这样的技能应该不是普通农民能够具备的。另外，大学生村官是新来的。他并不清楚村中的地形，与第一天晚上凶手利用地形甩开斯隆的情况相矛盾。然而，清楚人体构造，知道人体的致命部位，应该是每一个医生都会具备的。另外，那个跌打损伤药膏也可以立马使他的腿伤恢复，这样一切都能说得通了。老李和老赵跛脚的原因虽然可笑，但并不缺乏真实性，也是可以说通的。

地下室里的机密

克里博士在外地工作了一个月，回到家的第一时间就去了地下室，因为地下室放着重要的机密。

来到地下室，桌面和地面都积满了灰尘，地下室的门也没有被撬过的痕迹，这让克里博士放心了许多。他马上打开了地下室的电脑，准备检查一下监控和那些机密是否被动过，顺便把电暖器开了，天气有点冷。

就在克里博士刚刚把电脑打开时，他用力嗅了嗅，然后便说："看来这几天我家有客人来过……"

请问，克里博士是如何发现的？

A. 他什么都没闻到　　B. 地上有脚印

C. 看到电脑桌面的文件被动过　　D. 发现监控被破坏了

E. 他闻到了焦味　　F. 克里博士判断错误

答案与解析

答案：A

解析：电暖器开一会儿就会把电暖器附近的灰尘给烧焦，正常的话是会闻到焦味，但是他什么也没闻到，证明灰尘被处理过，要么是灰尘被抹走了，要么就是灰尘被伪造了。

两个窗口

第二天早上，A 先生被发现死于家中。医生初步诊断为中毒死亡。警方排查了每一个窗口，发现 A 先生的房间很奇怪，有两个窗口，一个朝南一个朝北。朝南的窗户被打开了，朝北的窗户紧关着，但并没有在朝南的窗户上发现任何蛛丝马迹。

警方进一步调查发现，A 先生的女佣昨晚在 A 先生家，但她表示昨晚按照 A 先生的吩咐给他送药之后就睡着了。她还说，昨天 B 先生来过 A 先生的家，而且 B 先生离去时，A 先生还送了他。

警方又在朝北的窗户下面发现了云梯，以及一串深浅不一的男人脚印，男人似乎没太大力气，脚印看起来有点拖泥带水。

此外，除了 B 先生，女佣表示 A 先生的药是由 A 先生的同事 C 小姐送的，但她昨天并未来过。隔壁 D 先生也表示昨晚只看到了 B 先生来访。

请问，是谁杀死了 A 先生？

A. 留宿的女佣

B. 客人 B 先生

C. 同事 C 小姐

D. 隔壁 D 先生

答案与解析

答案：C

解析：药是 C 小姐送的，而且云梯上的脚印不是因为男人无力，而是 C 小姐穿上了男人的鞋子，因为鞋的尺寸不合适，所以有点拖泥带水。她担心 A 先生没死，所以用云梯爬上了 A 先生家，而此时 A 先生正好送离去的 B 先生，C 小姐趁机躲进了屋里。之后为了掩饰自己来过的痕迹，C 小姐故意将朝南的窗户打开，声东击西。

真假炸弹

一天，帕萨贝尔探长一家一起去英国旅行。火车在行驶途中，帕萨贝尔探长与列车长交上了朋友并开始聊天。

列车长谈兴正浓时，突然收到了一封匿名信，他只看了一眼便神色大变。帕萨贝尔探长偷偷瞄到，那封信中写着：车厢里面有炸弹！即将爆炸！危险！

列车长立刻发动所有乘警在车厢里面四处搜寻。十分钟后，有人报告在火车餐厅发现了炸弹，炸弹设定的爆炸时间是六点整。

这时，火车正好从一座塔楼前驶过，列车长从身前的镜子看到，塔顶大钟显示的时间是五点四十五分。

“怎么办？离爆炸时间只剩下十五分钟了！在这样短的时间里，根本来不及请拆弹专家。更麻烦的是，现在火车经过的都是居民区，如果将炸弹扔出窗外也会引起重大伤亡。”列车长心急如焚，一时不知道该怎么办才好。

不料，尾随而来的帕萨贝尔探长却哈哈大笑着说：“这一定是无聊人搞的恶作剧，炸弹是假的！”

请问炸弹是真是假？

A. 是假的　　　　B. 是真的

答案与解析

答案：A

解析：因为列车长是从镜子看的时间，所以实际上时间已经超过了六点。

其实很简单，大家可以画个 5 点 45 分的图，再用镜子照下就会发现时间已经是 6 点 15 分。所以帕萨贝尔探长认定炸弹是假的。

录音电话

一天，警方接到一起报案。

报案的是一个男子，他声称自己的女友自杀了。他说他们两个在此之前通过电话，他的电话是录音电话。于是警方到他家去调查。

进门后，时钟敲了四声——下午四点了。

帕萨贝尔探长调取了通话记录，发现通话长达一个半小时，帕萨贝尔耐心地听完了，发现只有他们两个的声音。

请问人是谁杀死的？

A. 自杀　　　　B. 男子　　　　C. 另有其人

答案与解析

答案：B

解析：因为从时钟会敲响可以看出，这是一个会报时的钟，而整个通话长达一个半小时，帕萨贝尔却只听到了他们两个人的声音，可以看出是动过手脚的。故男子是杀人犯。

跳伞杀人事件

在一次花式跳伞表演上，50 名跳伞运动员从飞机上跳下，在空中渐渐组成了一个花的图案。不过，这个图案似乎漏了什么……没过多久，下面的人们看到，有一个人从空中掉了下来，最后掉在了地上。围观这次表演的群众纷纷上前，发现那个人已经中刀身亡了。

接到报警后，警察迅速赶到了现场。

帕萨贝尔探长发现这个跳伞运动员的背包背带中央有一小块油渍，而后面的降落伞装置则被人动了手脚，只要一打开，就会有刀刺出来。

紧接着，警方把目标锁定在了唯一留在飞机上的这次活动的组织者身上，因为他在运动员们跳伞前保管着所有人的背包，所以他最有可能做到这一切。

可是组织者却说："不可能是我杀的人，我在他们准备跳伞前把他们的背包放在跳伞窗口的旁边，背带朝着他们放着。然后他们再按照先前的跳伞顺序排好队，随机拿个包就跳下去，并且这些包都一模一样。如果我是凶手的话，我怎么能保证让那个有机关的背包被最后跳伞的那个人拿到呢？"

确实，包的外表都是一样的，另外 49 个跳伞运动员也表示他们是随机拿包的，并且那些包也没有什么奇怪的地方。

请问凶手是组织者吗？

A. 是　　　　B. 不是

答案与解析

答案：A

解析：组织者在保管包的时候，在其中一个包上做好了机关，然后在背带中央点上几滴油渍。然后按照规定，他将每个背包的背带面对着他们，其中有机关的包放在第一个。接着，他们跳伞拿包的时候看到油渍，本能地换了一个包拿，因为这是本能，自然不会感到奇怪。所以，那个被害者就拿到了被前面 49 人所遗留的包，就这样遇害了。

双胞胎被绑案①

一对夫妻来到警局报案，他们的一对双胞胎被绑架了。

接到绑匪的电话后，爸爸按照帕萨贝尔探长的指示，要求绑匪拍一张 7 岁双胞胎拿着当天报纸的照片给他。

绑匪拒绝了，不过寄来了一段录音："爸爸妈妈，今天是 2016 年 2 月 5 日，我们现在很安全，叔叔对我们很好，还对我们笑，还和哥哥下飞行棋、教我玩扑克。希望爸爸妈妈尽早让我们回去。"

作为警察，帕萨贝尔探长此时应该告诉父母：

第一种“赶快准备给绑匪钱，否则绑匪会很快撕票。”

第二种“不要给绑匪钱，就算给了钱绑匪也会撕票。”

A. 第一种　　B. 第二种

答案与解析

答案：B

解析：绑匪了解双胞胎的爱好，说明是熟人作案。儿子已经见过绑匪的脸，绑匪得手后一定会将人质杀害。

录音里为什么要说具体时间呢？绑匪很有可能已经撕票了，因为不拍照给录音，录音是之前逼着录的，录音中“对我们笑”透露出歹徒似乎不是蒙面的，知道各自的喜好说明绑匪跟他们很熟，既然如此就更会撕票了。

失约的商人

智慧镇警局一大早便接到报案，说镇上的大商人金不换可能被害了。

案发前一天晚上，金不换雇好船夫的小船，约定第二天出发去隔壁镇上进货。

第二天天未亮，金不换便带着大量现金出门了。他走了大概一个小时后，他的夫人听到有人急促敲门，并喊道：“金夫人，金夫人，快开门！”

金不换的夫人急忙开门，见是船夫，便问是什么事这么着急。

船夫说：“夫人，天不早了，怎么还没见金老板上船啊？”

金夫人顿感慌张，随船夫来到河边，只见小船停在河边，不见丈夫踪迹，于是金夫人便到警局报案。

警察听了她的诉说后，马上下令把凶手抓了。请问凶手是谁？

A. 船夫　　B. 夫人　　C. 自杀　　D. 其他

答案与解析

答案：A

解析：船夫要找的人是金不换，但他敲门的时候喊的却是夫人，这表明他知道金不换不在家中，所以他一定是杀害金不换的凶手。

并且金不换是天未亮就出门的，一小时后船夫就来了，还很急。金不换是约定第二天出发，时间没有到，船夫怎么会这么急，还在一小时后来到金不换家，这不合理。

梳妆台上的妻子

一天晚上，莫先生打电话报警，说他妻子在家开枪自杀了，警察接到电话后，立即赶到了莫先生家。

莫先生说，他正在楼下看电影，忽然听到楼上卧室里传来一声枪响，跑上楼一看，他的妻子右手握着一把手枪，头部中弹趴在梳妆台上，已经死去。

警察听完，仔细将卧室检查了一遍，然后将溶解了的石蜡涂在莫夫人的右手上，等石蜡凝固后，发现石蜡很干净。

请问莫夫人是否是自杀的？

A. 自杀　　　　B. 他杀

答案与解析

答案：B

解析：如果是开枪自杀，死者手上、衣袖上会粘上火药微粒。石蜡可检验出是否有火药微粒残留。另外，火药的冲击力会使被害人扑倒在地，而非规矩地趴在梳妆台上。

离家的女子

罗伊正在街上巡逻，在听到一声枪响之后，他看见一个女子跌向房门，慢慢地倒在了地上。罗伊连忙跑过去一看，发现女子背部中枪，已经死了。

此时附近只有两个人，罗伊便上前盘问："你们刚才在干什么？"

甲说："我看见这位女士刚要锁门，枪一响，她应声倒地，我便跑过来了。"

乙说："我听见枪声后，不知道发生什么事，看见你（指罗伊）跑了过来，我也跟着跑过来。"

门上的钥匙还在锁孔里。罗伊打开锁，走进房间并呼叫警局支援。

帕萨贝尔探长来了后，指着其中一个人说："把他拘留讯问。"

请问是谁被拘留了？为什么？

A. 甲　　　　B. 乙

答案与解析

答案：A

解析：被拘留的是甲。此人知道被害人当时是在锁房门，而不是开房门。他一定是一直在窥视着这座房子，否则他不可能知道被害人是要出门还是要进家门。

墙边的绿茶

A 死了，死在自家的屋子里。这间屋子只有一间房，A 靠坐在椅子上，地上有瓶滚到了墙边的绿茶。

侦探斯隆拿起它，发现这瓶绿茶似乎只喝了一口。除了这些，整个房间只有一扇门和一个天窗了。经过检验，杀死 A 的正是这瓶可疑的绿茶——里面有只需一滴就可以立即置人于死地的剧毒。

请问A是自杀还是被谋杀的？

A. 自杀　　　　B. 谋杀

答案与解析

答案：B

解析：A死于谋杀。绿茶还有很多，而且盖着盖子，如果自杀，不会去把盖子盖起来，正因为是他杀，死者不知情，所以才会喝完后盖上盖子。况且换个角度来说，这是能够使人立刻死亡的毒素，A不可能喝了还有力气盖好盖子，所以这是一件他杀案件。

失而复得的打火机

斯隆有一个很喜欢收集打火机的朋友。某天，他对斯隆说自己最喜欢的那个打火机丢了，问斯隆有没有办法帮他找回来。

斯隆听了之后说："试试看吧，我帮你写一个寻物启事！"

斯隆说完便大笔一挥，在白纸上写下了名贵打火机的特征和大笔的奖金。

寻物启事贴出去后没几天，果然有个小伙子带着打火机找到斯隆的朋友，说："这个打火机是我从别人的手里买过来的，不知道是不是你丢的那个。"

斯隆的朋友接过打火机仔细观察了一番，然后高兴地说："对，这就是我丢的那个！"

此时，坐在一边的斯隆发话了："年轻人，介不介意跟我去警局走一趟？"

请问年轻人手上的打火机是哪来的？为什么？

A. 年轻人买来的　　　　B. 年轻人偷来的

答案与解析

答案：B

解析：因为斯隆当初在写寻物启事的时候并没有写上失主的地址，

而这个年轻人竟然能够找到斯隆的朋友，这说明他早就知道这个打火机是斯隆的朋友的，所以这打火机一定是他偷去的。

嗜酒如命的人

大卫是一个嗜酒如命的人，这天早上 9 点左右，房东发现他死在房中，于是马上报了案。

帕萨贝尔探长来后仔细观察了案发现场，死者的头被人敲了一个洞，地上流了很多血。死者的手中握着一只酒杯，杯中有啤酒泡，面前的桌上还有一扎未喝完的啤酒。

房东说："我也不知道怎么回事。今天凌晨 2 点左右，我似乎听到大卫的房间有争吵声，后来又传出打架声。但是我那时太困，虽然感觉有点奇怪但也没多想，很快又睡着了，直到早上快 9 点时起床。想起半夜的吵闹声，于是我就到大卫房中查看，结果看到了现在这个样子。"

帕萨贝尔听完后即说："你是在做假口供。"于是将房东拘捕了。

请问房东真的在说谎吗？为什么？

A. 房东撒谎了

B. 房东没有撒谎

答案与解析

答案：A

解析：秘密就在那杯啤酒上。如果大卫是在凌晨 2 点死去的，啤酒不应该还有泡。

山地车手

帕萨贝尔探长翻看历年谜案卷宗时发现了一个蹊跷的案子。

案件发生在一次百年环法大赛上，死者A是一名山地车手，以高超的急停和平稳的障碍跳跃技巧得名。然而，就在那次比赛上，A死于一段下坡之后的石堆路中，多处骨折，死相甚恐。

虽然下坡很陡，路面也十分不平坦，但以A的车技似乎完全不应该在这种等级的下坡上失误。可是，当时的警方在调查后，除了前后轮胎内碟上的一抹灰黑色的道印以外，什么都没发现……

请问死者是意外死亡，还是他杀？

A. 意外　　　　B. 他杀

答案与解析

答案：B

解析：凶手是负责车辆审核的工作人员，为阻碍车手夺冠，在前夹器和后轮刹车皮上裹了一层铅块。铅是低熔点金属，熔点为327度，常温下难以察觉，急刹车时工作温度可高达600度，铅块熔化成铅液，使刹车系统完全接触不到内碟，铅液润滑内碟，下坡加速，无法减速，前轮先受阻，人飞出，摔在凸出的石堆中死亡，铅液降温后形成固体附着在内碟上。凶手目的仅是阻止其夺冠，但由于考验车手跳跃能力的石路过于凸起，导致被害人死亡。

半瓶海洛因

深夜，罪犯潜入智慧镇第一医院的药房，从柜子里盗走了半瓶海洛因。

经过斯隆的侦查，有两人有重大嫌疑：

一个是刚来不久的实习医生，另一个是住院几天的吸毒农民。

请问谁是小偷？

A. 实习医生

B. 吸毒农民

答案与解析

答案：A

解析：是实习医生，因为农民不懂得海洛因的化学式，而医院一般是用化学式表达药品。

爱鸟的人

一位独身老人死在了杂木林深处的一幢别墅里。死者一天后才被发现，死因是服用了过量安眠药。因为留下了一份字迹潦草的遗书，死者被初步认定为自杀。

发现尸体的是死者的远房亲戚，一个多年未曾登门的男子突然来访。

室内有很多鸟笼，小鸟并不知道主人已经死去，都在鸟笼里欢快地啼叫着。

“老人家三年前当了鸟类保护协会会长。因为爱鸟，他宁愿搬进森林里，只和这些鸟儿住在一起。”发现者这么介绍。

斯隆想了想，发现这中间似乎有些不对。

请问这是自杀还是他杀？

A. 自杀　　　　B. 他杀

答案与解析

答案：B

解析：爱鸟的人如果要自杀肯定会先把鸟放了，不然鸟可能会饿死。

双胞胎被绑案②

智慧镇有一对双胞胎兄弟被绑架了。

两兄弟的双眼和嘴巴都被犯人用胶带封住。

犯人在哥哥的耳边低声说：“如果你尝试抵抗或者逃跑，我就会杀掉你的弟弟。”

然后又在弟弟的耳边低声说：“如果你尝试抵抗或者逃跑，我就会杀掉你的哥哥。”

几天后，双胞胎趁犯人外出时逃脱，并到警察局报案。

请问帕萨贝尔探长想尽快抓住犯人的话，应该先从哪类人里进行排查（选项人物身份不重合）？

A. H市有绑架案底的人　　B. 双胞胎兄弟的熟人

答案与解析

答案：B

解析：为什么绑架犯能分辨出双胞胎兄弟中谁是哥哥谁是弟弟？真相只有一个，这个绑架犯是双胞胎的熟人。

冬天的夜晚

冬天的夜晚，天气冷得让人根本不想出门。

巡逻警员杰克走在大街上，突然听到远处一女子大叫：“来人啊！有人打劫！”

只见一个黑影正往远处逃离，杰克立刻追了上去，但是这贼跑得飞快，追了几条街之后没影了。最后，杰克在附近一个商店店铺前看到了四个人：

A 正在百无聊赖地抽烟；

B 正在聚精会神地看报纸；

C 正在手机通话；

D 正在狼吞虎咽地吃拉面。

犯人就在四人当中，请问犯人究竟是谁？理由是什么？

A. 嫌疑人 A　　B. 嫌疑人 B　　C. 嫌疑人 C　　D. 嫌疑人 D

答案与解析

答案：D

解析：提炼出文中的环境设定有：冬天、低温、运动，所以犯人必须掩饰在这种天气下运动过后的表现。而这些表现一般呈现为喘息、面红、流汗。

A 抽烟的时候无法掩饰脸红和流汗，且难以平复急促呼吸，排除；

B 看报纸同样无法掩饰脸红和流汗，排除；

C 手机通话同样无法掩饰脸红和流汗，且难以平复急促呼吸，排除；

所以答案是 D，也只有 D 的举动可以掩饰所有运动后的表征，冬天的热面会产生水蒸气，可以让面部略显湿润；适当加入辣椒吃热面会让人体温升高流汗；在吃面的时候，面太烫用嘴吹的时候可以掩饰急促呼吸。

边境走私

甲是边防检查员，他每天都要检查过境人员的行李，以防走私。可是最近，他遇到了一件非常古怪的事。

居住在边境附近的人来往于两地是很正常的事情，甲每隔几天都会看见一个工人模样的汉子用自行车推着一大捆稻草从本国向入境检查站走来。

甲怀疑这个人带了走私物品，于是他每次都要叫住这个人将草捆解开接受检查，然后把他的每个衣袋也翻个遍，看看能否搜出违禁品，但每次都是无功而返。不过，甲的直觉还是认为这里面有蹊跷。

于是甲请教了侦探斯隆，斯隆想了一会儿便告诉了甲答案。按照斯隆的指示，甲果然查出了走私物品。

请问他在走私什么呢？

A. 烟草　　　　B. 自行车

答案与解析

答案：B

解析：走私的就是自行车。

粉丝的来电

侦探斯隆接到了一位粉丝的来电。

“喂？”

“您好！您就是名侦探斯隆吗？我已经仰慕您很久了！您下下个星期六有空吗？我想请您来我家吃顿饭！”

虽然粉丝的热情让斯隆很感动，但他并不想去：“对不起啊！我下下个星期六恰好很忙！因为我上午要参加座谈会，中午要参加我叔叔的葬礼，下午要去参加同学聚会，晚上又有朋友要来我家开派对！真对不起，改天吧！”

粉丝沉默了良久，又说：“侦探先生，您所说的事情中恐怕有件事说错了吧？”

请问斯隆哪件事说错了？

A. 座谈会　　B. 葬礼　　C. 同学聚会　　D. 开派对

答案与解析

答案：B

解析：斯隆还是被热情的粉丝冲昏了头脑，百密一疏，斯隆怎么可能会知道他的叔叔会在下下个星期六死亡呢（葬礼通常不会拖两星期）？

门口的香烟

史密斯教授是一位著名的心理学家兼精神病医生，在某些情况下，他的精神分析学说也能够帮助警方破案。

一天，智慧镇警察局的帕萨贝尔探长请他去聊天，正巧说到了一起案件——

就在三天前，郊外一户人家的漂亮女主人被杀。现场很干净，凶手没有留下什么可以推断身份的东西，唯一异常的是一支警方在大门口捡到的才吸了一两口的香烟。

目前的嫌疑人有两个。

一个嫌疑人是被害者的情人，美术学校的学生，死者生前常常将此人带回家中。最近，被害人与他时常发生争吵。

另一嫌疑人是附近地区的保险推销员。此人曾花言巧语引诱死者，但遭到拒绝。

这两人都有杀人嫌疑，但都缺少有力证据。帕萨贝尔探长正准备做唇纹对比。

史密斯教授却说："即使不做对比，也可以判明谁是杀人犯！"

请问史密斯教授口中的杀人犯是谁？为什么？

A. 被害者的情人　　　　B. 保险推销员

答案与解析

答案：B

解析：是后者。出于职业本能，推销员在入户时通常会熄灭自己的香烟，即便是只吸了一两口。

关键的指纹

亨利为了买豪华别墅向查尔斯借了很多钱，可是现在都快半年了，亨利还没有还一分钱。查尔斯实在是无法忍受就按响了门铃，到亨利的新家要钱。

两人在争吵过程中动手打了起来。高大的查尔斯用手死死掐住亨利的脖子，亨利在挣扎中左手摸到一个台灯便直接朝查尔斯的头部砸去，查尔斯随即倒在地上停止了呼吸。

杀死查尔斯后，亨利马上把查尔斯的尸体拖到了房子后院掩埋起来，接着将所有的血迹一一擦拭干净，再认真清理了沙发、地板和房间里查尔斯可能碰过的东西，不留下一个指纹，同时也擦掉了自己脖子上查尔斯的指纹。

正当他做完这一切的时候，门外响起了急促的敲门声——是查尔斯的两位警察朋友杰克和怀特。查尔斯曾交代，如果他下午还没有到家的话，就让他们来这里找他。

尽管亨利十分镇定，警察还是不费吹灰之力就找到了查尔斯唯一的一个指纹。请问这个指纹在哪里？

答案与解析

答案：门铃

解析：查尔斯是按门铃进来的，所以门铃按钮上还留有一个指纹，而警察敲门进来的原因，就是不破坏这最后一个没有被清除掉的指纹。

沙滩上的鞋印

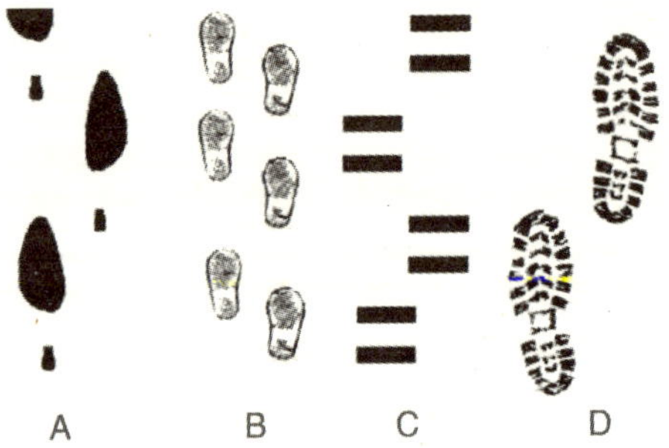

名侦探斯隆正在海滩度假。晒着太阳的他突然听到有人喊叫：“先生！别杀我！”接着便是一声枪声。

斯隆立刻赶到现场，发现一具尸体倒在了沙滩上，他认为这就是刚才呐喊的那名死者。斯隆随后在死者旁发现有几个鞋印。

请问斯隆应该从哪个鞋印开始推理?

A. 鞋印 A　　B. 鞋印 B　　C. 鞋印 C　　D. 鞋印 D

答案与解析

答案：D

解析：首先推断出凶手的性别。因为死者死前喊“先生”，所以凶手是男性。

从图中可看出，鞋印 A 是一双高跟鞋，男性没有理由穿高跟鞋吧?所以 A 不可能是凶手。

鞋印 B 是婴孩的鞋，婴孩不可能杀人吧?况且“先生”这个称呼是成年男性。

鞋印 C 是一双日本木屐，穿着木屐走起路来很不方便，而且图中的左脚木屐印和右脚的木屐印宽度小，脚步小，不可能杀人。

剩下只有鞋印 D，鞋印 D 是一双普通男性鞋，凶手最有可能就是留下鞋印 D 的人。

蜜蜂　毒品

今年 6 月，知识城缉毒警察得到情报，最近一段时间会有毒贩从边境偷运大批毒品过境。最后，有 3 辆养蜂大卡车进入警方的视线，他们来自不同的地方，互不认识：

1 号车来自勇气城，5 月 17 日到边境的南天门放养蜜蜂；

2 号车来自迷糊城，6 月 3 日到东部地区放养蜜蜂；

3 号车来自命运城，5 月 24 日到南疆地区放养蜜蜂。

经过一段时间的监控，警方掌握了以下情况：

1 号车从 5 月 17 日到 6 月 15 日一直在同一地点没有动过。

2号车在6月13日将蜂箱搬到离原来地点半公里的地方，离边境更近了。

3号车在6月7日将蜂箱搬到离南疆10公里的地方，离边境更远了。

请问哪辆车最有可能装毒品？为什么？

A. 1号　　　　B. 2号　　　　C. 3号

答案与解析

答案：C

解析：3号卡车。因为放养蜜蜂一般要在一个地区停留一个月左右的时间，而3号卡车在一个地方只待了14天就搬到10公里以外的地方，显然不符合养蜂的经验。

红色的紫罗兰

智慧镇郊外住着一个作家，据说这个作家有个习惯，喜欢在放着鲜花的木桌上写作，闻着花香的他灵感会特别好。

某天，作家被妻子发现死在书桌上，桌上还放着一盆紫色的紫罗兰花。作家明显是被人杀害的，因为这个凶手很嚣张，他在桌子上留下了一张纸条，上面写着：“你们来抓我啊！”而纸条上面还放着一片红色的紫罗兰花瓣。但除此之外，没有留下半点证据。

作家家里只有四个人：管家，厨师，作家的妻子和花匠。

管家说，作家的妻子喜欢在身上戴一个装着紫罗兰花瓣的小香囊。

但作家的妻子说她那天去和朋友看电影了，她的朋友也给她作证了。

厨师说，他当时正在做醋熘土豆丝，这是作家最喜欢吃的菜。

作家遇害那天，花匠也来过作家家里，但他还没有进屋帕萨贝尔探长等人就来了。

请问凶手是谁？

A. 作家的妻子　　B. 花匠　　　　C. 厨师　　　　D. 管家

答案与解析

答案：C

解析：能让紫罗兰花瓣变红的是酸性溶液，而厨师沾到了食醋碰到花瓣使花瓣变红了。

图书在版编目（CIP）数据

挑战福尔摩斯．玩转侦探推理游戏／33IQ在线思维训练平台编．—2版．—北京：中国法制出版社，2020.11
ISBN 978-7-5216-1447-3

Ⅰ．①挑… Ⅱ．①3… Ⅲ．①智力游戏 Ⅳ．①G898.2

中国版本图书馆CIP数据核字（2020）第216697号

策划编辑：薛强
责任编辑：李宏伟（lhwstc@163.com） 封面设计：古涧文化 杨鑫宇

挑战福尔摩斯．玩转侦探推理游戏

TIAOZHAN FUERMOSI. WANZHUAN ZHENTAN TUILI YOUXI

编者／33IQ在线思维训练平台

经销／新华书店

印刷／北京海纳百川印刷有限公司

开本／710毫米×1000毫米 16开 印张／12.5 字数／179千

版次／2020年11月第2版 2020年11月第1次印刷

中国法制出版社出版

书号 ISBN 978-7-5216-1447-3 定价：42.00元

北京西单横二条2号 邮政编码100031 传真：010-66031119

网址：http://www.zgfzs.com **编辑部电话：010-66054900**

市场营销部电话：010-66033393 **邮购部电话：010-66033288**

（如有印装质量问题，请与本社印务部联系调换。电话：010-66032926）